T&P BOOKS

I0177016

GEORGIANO
VOCABULÁRIO

PORTUGUÊS BRASILEIRO

PORTUGUÊS GEORGIANO

Para alargar o seu léxico e apurar as suas competências linguísticas

3000 palavras

Vocabulário Português Brasileiro-Georgiano - 3000 palavras

Por Andrey Taranov

Os vocabulários da T&P Books destinam-se a ajudar a aprender, a memorizar, e a rever palavras estrangeiras. O dicionário é dividido em temas, cobrindo todas as principais esferas de atividades quotidianas, negócios, ciência, cultura, etc.

O processo de aprendizagem, utilizando os dicionários baseados em temáticas da T&P Books dá-lhe as seguintes vantagens:

- Informação de origem corretamente agrupada predetermina o sucesso em fases subsequentes da memorização de palavras
- Disponibilização de palavras derivadas da mesma raiz, o que permite a memorização de unidades de texto (em vez de palavras separadas)
- Pequenas unidades de palavras facilitam o processo de estabelecimento de vínculos associativos necessários para a consolidação do vocabulário
- O nível de conhecimento da língua pode ser estimado pelo número de palavras aprendidas

T&P Books Publishing
www.tpbooks.com

ISBN: 978-1-78767-415-8

Este livro também está disponível em formato E-book.
Por favor visite www.tpbooks.com ou as principais livrarias on-line.

VOCABULÁRIO GEORGIANO
palavras mais úteis

Os vocabulários da T&P Books destinam-se a ajudar a aprender, a memorizar, e a rever palavras estrangeiras. O vocabulário contém mais de 3000 palavras de uso comum organizadas tematicamente.

O vocabulário contém as palavras mais comummente usadas
Recomendado como adicional para qualquer curso de línguas
Satisfaz as necessidades dos iniciados e dos alunos avançados de línguas estrangeiras
Conveniente para o uso diário, sessões de revisão e atividades de auto-teste
Permite avaliar o seu vocabulário

Características especias do vocabulário

- As palavras estão organizadas de acordo com o seu significado, e não por ordem alfabética
- As palavras são apresentadas em três colunas para facilitar os processos de revisão e auto-teste
- As palavras compostas são divididas em pequenos blocos para facilitar o processo de aprendizagem
- O vocabulário oferece uma transcrição simples e adequada de cada palavra estrangeira

O vocabulário contém 101 tópicos incluindo:

Conceitos básicos, Números, Cores, Meses, Estações do ano, Unidades de medida, Roupas & Acessórios, Alimentos & Nutrição, Restaurante, Membros da Família, Parentes, Caráter, Sentimentos, Emoções, Doenças, Cidade, Passeios, Compras, Dinheiro, Casa, Lar, Escritório, Trabalho no Escritório, Importação & Exportação, Marketing, Pesquisa de Emprego, Esportes, Educação, Computador, Internet, Ferramentas, Natureza, Países, Nacionalidades e muito mais ...

TABELA DE CONTEÚDOS

GUIA DE PRONUNCIAÇÃO

Letra	Exemplo Georgiano	Alfabeto fonético T&P	Exemplo Português
ა	აკადემია	[ɑ]	chamar
ბ	ბიოლოგია	[b]	barril
გ	გრამატიკა	[g]	gosto
დ	შუალედი	[d]	dentista
ე	ბედნიერი	[ɛ]	mesquita
ვ	ვერცხლი	[v]	fava
ზ	ზარი	[z]	sésamo
თ	თანაკლასელი	[th]	[t] aspirada
ი	ივლისი	[i]	sinônimo
კ	კამა	[k]	aquilo
ლ	ლანგარი	[l]	libra
მ	მარჯვენა	[m]	magnólia
ნ	ნაყინი	[n]	natureza
ო	ოსტატობა	[ɔ]	emboço
პ	პასპორტი	[p]	presente
ჟ	ჟიური	[ʒ]	talvez
რ	რეჟისორი	[r]	riscar
ს	სასმელი	[s]	sanita
ტ	ტურისტი	[t]	tulipa
უ	ურდული	[u]	bonita
ფ	ფაიფური	[ph]	[p] aspirada
ქ	ქალაქი	[kh]	[k] aspirada
ღ	ღილაკი	[ɣ]	agora
ყ	ყინული	[q]	teckel
შ	შედეგი	[ʃ]	mês
ჩ	ჩამჩა	[ʧh]	[tsch] aspirado
ც	ცურვა	[tsh]	[ts] aspirado
ძ	ძიძა	[ʣ]	pizza
წ	წამწამი	[ʦ]	tsé-tsé
ჭ	ჭანჭიკი	[ʧ]	Tchau!
ხ	ხარისხი	[ɦ]	[h] suave
ჯ	ჯიბე	[ʤ]	adjetivo
ჰ	ჰოკიჯოხა	[h]	[h] aspirada

ABREVIATURAS
usadas no vocabulário

Abreviaturas do Português

adj	-	adjetivo
adv	-	advérbio
anim.	-	animado
conj.	-	conjunção
desp.	-	esporte
etc.	-	Etcetera
ex.	-	por exemplo
f	-	nome feminino
f pl	-	feminino plural
fem.	-	feminino
inanim.	-	inanimado
m	-	nome masculino
m pl	-	masculino plural
m, f	-	masculino, feminino
masc.	-	masculino
mat.	-	matemática
mil.	-	militar
pl	-	plural
prep.	-	preposição
pron.	-	pronome
sb.	-	sobre
sing.	-	singular
v aux	-	verbo auxiliar
vi	-	verbo intransitivo
vi, vt	-	verbo intransitivo, transitivo
vr	-	verbo reflexivo
vt	-	verbo transitivo

CONCEITOS BÁSICOS

1. Pronomes

eu	მე	me
você	შენ	shen
ele, ela	ის	is
nós	ჩვენ	chven
vocês	თქვენ	tkven
eles, elas	ისინი	isini

2. Cumprimentos. Saudações

Oi!	გამარჯობა!	gamarjoba!
Olá!	გამარჯობათ!	gamarjobat!
Bom dia!	დილა მშვიდობისა!	dila mshvidobisa!
Boa tarde!	დღე მშვიდობისა!	dghe mshvidobisa!
Boa noite!	საღამო მშვიდობისა!	saghamo mshvidobisa!
cumprimentar (vt)	მისალმება	misalmeba
Oi!	სალამი!	salami!
saudação (f)	სალამი	salami
saudar (vt)	მისალმება	misalmeba
Tudo bem?	როგორ ხარ?	rogor khar?
E aí, novidades?	რა არის ახალი?	ra aris akhali?
Tchau! Até logo!	ნახვამდის!	nakhvamdis!
Até breve!	მომავალ შეხვედრამდე!	momaval shekhvedramde!
Adeus!	მშვიდობით!	mshvidobit!
despedir-se (dizer adeus)	გამომშვიდობება	gamomshvidobeba
Até mais!	კარგად!	k'argad!
Obrigado! -a!	გმადლობთ!	gmadlobt!
Muito obrigado! -a!	დიდი მადლობა!	didi madloba!
De nada	არაფრის	arapris
Não tem de quê	მადლობად არ ღირს	madlobad ar ghirs
Não foi nada!	არაფრის	arapris
Desculpa! -pe!	ბოდიში!	bodishi!
desculpar (vt)	პატიება	p'at'ieba
desculpar-se (vr)	ბოდიშის მოხდა	bodishis mokhda
Me desculpe	ბოდიში	bodishi
Desculpe!	მაპატიეთ!	map'at'iet!
perdoar (vt)	პატიება	p'at'ieba
Não faz mal	არა უშავს.	ara ushavs.
por favor	გეთაყვა	getaqva
Não se esqueça!	არ დაგავიწყდეთ!	ar dagavits'qdet!

Com certeza!	რა თქმა უნდა!	ra tkma unda!
Claro que não!	რა თქმა უნდა, არა!	ra tkma unda, ara!
Está bem! De acordo!	თანახმა ვარ!	tanakhma var!
Chega!	საკმარისია!	sak'marisia!

3. Questões

Quem?	ვინ?	vin?
O que?	რა?	ra?
Onde?	სად?	sad?
Para onde?	სად?	sad?
De onde?	საიდან?	saidan?
Quando?	როდის?	rodis?
Para quê?	რისთვის?	ristvis?
Por quê?	რატომ?	rat'om?

Para quê?	რისთვის?	ristvis?
Como?	როგორ?	rogor?
Qual (~ é o problema?)	როგორი?	rogori?
Qual (~ deles?)	რომელი?	romeli?

A quem?	ვის?	vis?
De quem?	ვიზე?	vize?
Do quê?	რაზე?	raze?
Com quem?	ვისთან ერთად?	vistan ertad?
Quanto, -os, -as?	რამდენი?	ramdeni?
De quem? (masc.)	ვისი?	visi?

4. Preposições

com (prep.)	ერთად	ertad
sem (prep.)	გარეშე	gareshe
a, para (exprime lugar)	-ში	-shi
sobre (ex. falar ~)	შესახებ	shesakheb
antes de ...	წინ	ts'in
em frente de ...	წინ	ts'in
debaixo de ...	ქვეშ	kvesh
sobre (em cima de)	ზემოთ	zemot
em ..., sobre ...	-ზე	-ze
de, do (sou ~ Rio de Janeiro)	-დან	-dan
de (feito ~ pedra)	-გან	-gan

| em (~ 3 dias) | -ში | -shi |
| por cima de ... | -ზე | -ze |

5. Palavras funcionais. Advérbios. Parte 1

Onde?	სად?	sad?
aqui	აქ	ak
lá, ali	იქ	ik

11

em algum lugar	სადღაც	sadghats
em lugar nenhum	არსად	arsad
perto de …	-თან	-tan
perto da janela	ფანჯარასთან	panjarastan
Para onde?	სად?	sad?
aqui	აქ	ak
para lá	იქ	ik
daqui	აქედან	akedan
de lá, dali	იქიდან	ikidan
perto	ახლოს	akhlos
longe	შორს	shors
perto de …	გვერდით	gverdit
à mão, perto	გვერდით	gverdit
não fica longe	ახლო	akhlo
esquerdo (adj)	მარცხენა	martskhena
à esquerda	მარცხნივ	martskhniv
para a esquerda	მარცხნივ	martskhniv
direito (adj)	მარჯვენა	marjvena
à direita	მარჯვნივ	marjvniv
para a direita	მარჯვნივ	marjvniv
em frente	წინ	ts'in
da frente	წინა	ts'ina
adiante (para a frente)	წინ	ts'in
atrás de …	უკან	uk'an
de trás	უკნიდან	uk'nidan
para trás	უკან	uk'an
meio (m), metade (f)	შუა	shua
no meio	შუაში	shuashi
do lado	გვერდიდან	gverdidan
em todo lugar	ყველგან	qvelgan
por todos os lados	გარშემო	garshemo
de dentro	შიგნიდან	shignidan
para algum lugar	სადღაც	sadghats
diretamente	პირდაპირ	p'irdap'ir
de volta	უკან	uk'an
de algum lugar	საიდანმე	saidanme
de algum lugar	საიდანღაც	saidanghats
em primeiro lugar	პირველ რიგში	p'irvel rigshi
em segundo lugar	მეორედ	meored
em terceiro lugar	მესამედ	mesamed
de repente	უცებ	utseb
no início	თავდაპირველად	tavdap'irvelad
pela primeira vez	პირველად	p'irvelad

muito antes de ...	დიდი ხნით ადრე	didi khnit adre
de novo	ხელახლა	khelakhla
para sempre	სამუდამოდ	samudamod
nunca	არასდროს	arasdros
de novo	ისევ	isev
agora	ახლა	akhla
frequentemente	ხშირად	khshirad
então	მაშინ	mashin
urgentemente	სასწრაფოდ	sasts'rapod
normalmente	ჩვეულებრივად	chveulebrivad
a propósito, ...	სხვათა შორის	skhvata shoris
é possível	შესაძლოა	shesadzloa
provavelmente	ალბათ	albat
talvez	შეიძლება	sheidzleba
além disso, ...	ამას გარდა, ...	amas garda, ...
por isso ...	ამიტომ	amit'om
apesar de ...	მიუხედავად	miukhedavad
graças a ...	წყალობით	ts'qalobit
que (pron.)	რა	ra
que (conj.)	რომ	rom
algo	რაღაც	raghats
alguma coisa	რაიმე	raime
nada	არაფერი	araperi
quem	ვინ	vin
alguém (~ que ...)	ვიღაც	vighats
alguém (com ~)	ვინმე	vinme
ninguém	არავინ	aravin
para lugar nenhum	არსად	arsad
de ninguém	არავისი	aravisi
de alguém	ვინმესი	vinmesi
tão	ასე	ase
também (gostaria ~ de ...)	აგრეთვე	agretve
também (~ eu)	-ც	-ts

6. Palavras funcionais. Advérbios. Parte 2

Por quê?	რატომ?	rat'om?
por alguma razão	რატომღაც	rat'omghats
porque ...	იმიტომ, რომ ...	imit'om, rom ...
por qualquer razão	რატომღაც	rat'omghats
e (tu ~ eu)	და	da
ou (ser ~ não ser)	ან	an
mas (porém)	მაგრამ	magram
para (~ a minha mãe)	-თვის	-tvis
muito, demais	მეტისმეტად	met'ismet'ad
só, somente	მხოლოდ	mkholod
exatamente	ზუსტად	zust'ad

cerca de (~ 10 kg)	თითქმის	titkmis

aproximadamente	დაახლოებით	daakhloebit
aproximado (adj)	დაახლოებითი	daakhloebiti
quase	თითქმის	titkmis
resto (m)	დანარჩენი	danarcheni

cada (adj)	ყოველი	qoveli
qualquer (adj)	ნებისმიერი	nebismieri
muito, muitos, muitas	ბევრი	bevri
muitas pessoas	ბევრნი	bevrni
todos	ყველა	qvela

em troca de ...	ნაცვლად	natsvlad
em troca	ნაცვლად	natsvlad
à mão	ხელით	khelit
pouco provável	საეჭვოა	saech'voa

provavelmente	ალბათ	albat
de propósito	განზრახ	ganzrakh
por acidente	შემთხვევით	shemtkhvevit

muito	ძალიან	dzalian
por exemplo	მაგალითად	magalitad
entre	შორის	shoris
entre (no meio de)	შორის	shoris
tanto	ამდენი	amdeni
especialmente	განსაკუთრებით	gansak'utrebit

NÚMEROS. DIVERSOS

7. Números cardinais. Parte 1

zero	ნული	nuli
um	ერთი	erti
dois	ორი	ori
três	სამი	sami
quatro	ოთხი	otkhi
cinco	ხუთი	khuti
seis	ექვსი	ekvsi
sete	შვიდი	shvidi
oito	რვა	rva
nove	ცხრა	tskhra
dez	ათი	ati
onze	თერთმეტი	tertmet'i
doze	თორმეტი	tormet'i
treze	ცამეტი	tsamet'i
catorze	თოთხმეტი	totkhmet'i
quinze	თხუთმეტი	tkhutmet'i
dezesseis	თექვსმეტი	tekvsmet'i
dezessete	ჩვიდმეტი	chvidmet'i
dezoito	თვრამეტი	tvramet'i
dezenove	ცხრამეტი	tskhramet'i
vinte	ოცი	otsi
vinte e um	ოცდაერთი	otsdaerti
vinte e dois	ოცდაორი	otsdaori
vinte e três	ოცდასამი	otsdasami
trinta	ოცდაათი	otsdaati
trinta e um	ოცდათერთმეტი	otsdatertmet'i
trinta e dois	ოცდათორმეტი	otsdatormet'i
trinta e três	ოცდაცამეტი	otsdatsamet'i
quarenta	ორმოცი	ormotsi
quarenta e um	ორმოცდაერთი	ormotsdaerti
quarenta e dois	ორმოცდაორი	ormotsdaori
quarenta e três	ორმოცდასამი	ormotsdasami
cinquenta	ორმოცდაათი	ormotsdaati
cinquenta e um	ორმოცდათერთმეტი	ormotsdatertmet'i
cinquenta e dois	ორმოცდათორმეტი	ormotsdatormet'i
cinquenta e três	ორმოცდაცამეტი	ormotsdatsamet'i
sessenta	სამოცი	samotsi
sessenta e um	სამოცდაერთი	samotsdaerti

sessenta e dois	სამოცდაორი	samotsdaori
sessenta e três	სამოცდასამი	samotsdasami
setenta	სამოცდაათი	samotsdaati
setenta e um	სამოცდათერთმეტი	samotsdatertmet'i
setenta e dois	სამოცდათორმეტი	samotsdatormet'i
setenta e três	სამოცდაცამეტი	samotsdatsamet'i
oitenta	ოთხმოცი	otkhmotsi
oitenta e um	ოთხმოცდაერთი	otkhmotsdaerti
oitenta e dois	ოთხმოცდაორი	otkhmotsdaori
oitenta e três	ოთხმოცდასამი	otkhmotsdasami
noventa	ოთხმოცდაათი	otkhmotsdaati
noventa e um	ოთხმოცდათერთმეტი	otkhmotsdatertmet'i
noventa e dois	ოთხმოცდათორმეტი	otkhmotsdatormet'i
noventa e três	ოთხმოცდაცამეტი	otkhmotsdatsamet'i

8. Números cardinais. Parte 2

cem	ასი	asi
duzentos	ორასი	orasi
trezentos	სამასი	samasi
quatrocentos	ოთხასი	otkhasi
quinhentos	ხუთასი	khutasi
seiscentos	ექვსასი	ekvsasi
setecentos	შვიდასი	shvidasi
oitocentos	რვაასი	rvaasi
novecentos	ცხრაასი	tskhraasi
mil	ათასი	atasi
dois mil	ორი ათასი	ori atasi
três mil	სამი ათასი	sami atasi
dez mil	ათი ათასი	ati atasi
cem mil	ასი ათასი	asi atasi
um milhão	მილიონი	milioni
um bilhão	მილიარდი	miliardi

9. Números ordinais

primeiro (adj)	პირველი	p'irveli
segundo (adj)	მეორე	meore
terceiro (adj)	მესამე	mesame
quarto (adj)	მეოთხე	meotkhe
quinto (adj)	მეხუთე	mekhute
sexto (adj)	მეექვსე	meekvse
sétimo (adj)	მეშვიდე	meshvide
oitavo (adj)	მერვე	merve
nono (adj)	მეცხრე	metskhre
décimo (adj)	მეათე	meate

CORES. UNIDADES DE MEDIDA

10. Cores

cor (f)	ფერი	peri
tom (m)	ელფერი	elperi
tonalidade (m)	ტონი	t'oni
arco-íris (m)	ცისარტყელა	tsisart'qela
branco (adj)	თეთრი	tetri
preto (adj)	შავი	shavi
cinza (adj)	რუხი	rukhi
verde (adj)	მწვანე	mts'vane
amarelo (adj)	ყვითელი	qviteli
vermelho (adj)	წითელი	ts'iteli
azul (adj)	ლურჯი	lurji
azul claro (adj)	ცისფერი	tsisperi
rosa (adj)	ვარდისფერი	vardisperi
laranja (adj)	ნარინჯისფერი	narinjisperi
violeta (adj)	იისფერი	iisperi
marrom (adj)	ყავისფერი	qavisperi
dourado (adj)	ოქროსფერი	okrosperi
prateado (adj)	ვერცხლისფერი	vertskhlisperi
bege (adj)	ჩალისფერი	chalisperi
creme (adj)	კრემისფერი	k'remisperi
turquesa (adj)	ფირუზისფერი	piruzisperi
vermelho cereja (adj)	ალუბლისფერი	alublisperi
lilás (adj)	ლილისფერი	lilisperi
carmim (adj)	ჟოლოსფერი	zholosperi
claro (adj)	ღია ფერისა	ghia perisa
escuro (adj)	მუქი	muki
vivo (adj)	კაშკაშა	k'ashk'asha
de cor	ფერადი	peradi
a cores	ფერადი	peradi
preto e branco (adj)	შავ-თეთრი	shav-tetri
unicolor (de uma só cor)	ერთფეროვანი	ertperovani
multicolor (adj)	მრავალფეროვანი	mravalperovani

11. Unidades de medida

peso (m)	წონა	ts'ona
comprimento (m)	სიგრძე	sigrdze

largura (f)	სიგანე	sigane
altura (f)	სიმაღლე	simaghle
profundidade (f)	სიღრმე	sighrme
volume (m)	მოცულობა	motsuloba
área (f)	ფართობი	partobi
grama (m)	გრამი	grami
miligrama (m)	მილიგრამი	miligrami
quilograma (m)	კილოგრამი	k'ilogrami
tonelada (f)	ტონა	t'ona
libra (453,6 gramas)	გირვანქა	girvanka
onça (f)	უნცია	untsia
metro (m)	მეტრი	met'ri
milímetro (m)	მილიმეტრი	milimet'ri
centímetro (m)	სანტიმეტრი	sant'imet'ri
quilômetro (m)	კილომეტრი	k'ilomet'ri
milha (f)	მილი	mili
polegada (f)	დუიმი	duimi
pé (304,74 mm)	ფუტი	put'i
jarda (914,383 mm)	იარდი	iardi
metro (m) quadrado	კვადრატული მეტრი	k'vadrat'uli met'ri
hectare (m)	ჰექტარი	hek't'ari
litro (m)	ლიტრი	lit'ri
grau (m)	გრადუსი	gradusi
volt (m)	ვოლტი	volt'i
ampère (m)	ამპერი	amp'eri
cavalo (m) de potência	ცხენის ძალა	tskhenis dzala
quantidade (f)	რაოდენობა	raodenoba
um pouco de ...	ცოტაოდენი ...	tsot'aodeni ...
metade (f)	ნახევარი	nakhevari
dúzia (f)	დუჟინი	duzhini
peça (f)	ცალი	tsali
tamanho (m), dimensão (f)	ზომა	zoma
escala (f)	მასშტაბი	massht'abi
mínimo (adj)	მინიმალური	minimaluri
menor, mais pequeno	უმცირესი	umtsiresi
médio (adj)	საშუალო	sashualo
máximo (adj)	მაქსიმალური	maksimaluri
maior, mais grande	უდიდესი	udidesi

12. Recipientes

pote (m) de vidro	ქილა	kila
lata (~ de cerveja)	ქილა	kila
balde (m)	ვედრო	vedro
barril (m)	კასრი	k'asri
bacia (~ de plástico)	ტაშტი	t'asht'i

tanque (m)	ბაკი	bak'i
cantil (m) de bolso	მათარა	matara
galão (m) de gasolina	კანისტრა	k'anist'ra
cisterna (f)	ცისტერნა	tsist'erna
caneca (f)	კათხა	k'atkha
xícara (f)	ფინჯანი	pinjani
pires (m)	ლამბაქი	lambaki
copo (m)	ჭიქა	ch'ika
taça (f) de vinho	ბოკალი	bok'ali
panela (f)	ქვაბი	kvabi
garrafa (f)	ბოთლი	botli
gargalo (m)	ყელი	qeli
jarra (f)	გრაფინი	grapini
jarro (m)	დოქი	doki
recipiente (m)	ჭურჭელი	ch'urch'eli
pote (m)	ქოთანი	kotani
vaso (m)	ლარნაკი	larnak'i
frasco (~ de perfume)	ფლაკონი	plak'oni
frasquinho (m)	შუშა	shusha
tubo (m)	ტუბი	t'ubi
saco (ex. ~ de açúcar)	ტომარა	t'omara
sacola (~ plastica)	პაკეტი	p'ak'et'i
maço (de cigarros, etc.)	შეკვრა	shek'vra
caixa (~ de sapatos, etc.)	კოლოფი	k'olopi
caixote (~ de madeira)	ყუთი	quti
cesto (m)	კალათი	k'alati

VERBOS PRINCIPAIS

13. Os verbos mais importantes. Parte 1

abrir (vt)	გაღება	gagheba
acabar, terminar (vt)	დამთავრება	damtavreba
aconselhar (vt)	რჩევა	rcheva
adivinhar (vt)	გამოცნობა	gamotsnoba
advertir (vt)	გაფრთხილება	gaprtkhileba
ajudar (vt)	დახმარება	dakhmareba
almoçar (vi)	სადილობა	sadiloba
alugar (~ um apartamento)	დაქირავება	dakiraveba
amar (pessoa)	სიყვარული	siqvaruli
ameaçar (vt)	დამუქრება	damukreba
anotar (escrever)	ჩაწერა	chats'era
apressar-se (vr)	აჩქარება	achkareba
arrepender-se (vr)	სინანული	sinanuli
assinar (vt)	ხელის მოწერა	khelis mots'era
brincar (vi)	ხუმრობა	khumroba
brincar, jogar (vi, vt)	თამაში	tamashi
buscar (vt)	ძებნა	dzebna
caçar (vi)	ნადირობა	nadiroba
cair (vi)	ვარდნა	vardna
cavar (vt)	თხრა	tkhra
chamar (~ por socorro)	დაძახება	dadzakheba
chegar (vi)	ჩამოსვლა	chamosvla
chorar (vi)	ტირილი	t'irili
começar (vt)	დაწყება	dats'qeba
comparar (vt)	შედარება	shedareba
concordar (dizer "sim")	დათანხმება	datankhmeba
confiar (vt)	ნდობა	ndoba
confundir (equivocar-se)	არევა	areva
conhecer (vt)	ცნობა	tsnoba
contar (fazer contas)	დათვლა	datvla
contar com ...	იმედის ქონა	imedis kona
continuar (vt)	გაგრძელება	gagrdzeleba
controlar (vt)	კონტროლის გაწევა	k'ont'rolis gats'eva
convidar (vt)	მოწვევა	mots'veva
correr (vi)	გაქცევა	gaktseva
criar (vt)	შექმნა	shekmna
custar (vt)	ღირება	ghireba

14. Os verbos mais importantes. Parte 2

dar (vt)	მიცემა	mitsema
dar uma dica	კარნახი	k'arnakhi
decorar (enfeitar)	მორთვა	mortva
defender (vt)	დაცვა	datsva
deixar cair (vt)	ხელიდან გავარდნა	khelidan gavardna
descer (para baixo)	ჩასვლა	chasvla
desculpar-se (vr)	ბოდიშის მოხდა	bodishis mokhda
dirigir (~ uma empresa)	ხელმძღვანელობა	khelmdzghvaneloba
discutir (notícias, etc.)	განხილვა	gankhilva
disparar, atirar (vi)	სროლა	srola
dizer (vt)	თქმა	tkma
duvidar (vt)	დაეჭვება	daech'veba
encontrar (achar)	პოვნა	p'ovna
enganar (vt)	მოტყუება	mot'queba
entender (vt)	გაგება	gageba
entrar (na sala, etc.)	შემოსვლა	shemosvla
enviar (uma carta)	გაგზავნა	gagzavna
errar (enganar-se)	შეცდომა	shetsdoma
escolher (vt)	არჩევა	archeva
esconder (vt)	დამალვა	damalva
escrever (vt)	წერა	ts'era
esperar (aguardar)	ლოდინი	lodini
esperar (ter esperança)	იმედოვნება	imedovneba
esquecer (vt)	დავიწყება	davits'qeba
estudar (vt)	შესწავლა	shests'avla
exigir (vt)	მოთხოვნა	motkhovna
existir (vi)	არსებობა	arseboba
explicar (vt)	ახსნა	akhsna
falar (vi)	ლაპარაკი	lap'arak'i
faltar (a la escuela, etc.)	გაცდენა	gatsdena
fazer (vt)	კეთება	k'eteba
ficar em silêncio	დუმილი	dumili
gabar-se (vr)	ტრაბახი	t'rabakhi
gostar (apreciar)	მოწონება	mots'oneba
gritar (vi)	ყვირილი	qvirili
guardar (fotos, etc.)	შენახვა	shenakhva
informar (vt)	ინფორმირება	inpormireba
insistir (vi)	დაჟინება	dazhineba
insultar (vt)	შეურაცხყოფა	sheuratskhqopa
interessar-se (vr)	დაინტერესება	daint'ereseba
ir (a pé)	სვლა	svla
ir nadar	ბანაობა	banaoba
jantar (vi)	ვახშმობა	vakhshmoba

15. Os verbos mais importantes. Parte 3

ler (vt)	კითხვა	k'itkhva
libertar, liberar (vt)	გათავისუფლება	gatavisupleba
matar (vt)	მოკვლა	mok'vla
mencionar (vt)	ხსენება	khseneba
mostrar (vt)	ჩვენება	chveneba

mudar (modificar)	შეცვლა	shetsvla
nadar (vi)	ცურვა	tsurva
negar-se a ... (vr)	უარის თქმა	uaris tkma
objetar (vt)	წინააღმდეგ ყოფნა	ts'inaaghmdeg qopna

observar (vt)	დაკვირვება	dak'virveba
ordenar (mil.)	ბრძანება	brdzaneba
ouvir (vt)	სმენა	smena
pagar (vt)	გადახდა	gadakhda
parar (vi)	გაჩერება	gachereba

parar, cessar (vt)	შეწყვეტა	shets'qvet'a
participar (vi)	მონაწილეობა	monats'ileoba
pedir (comida, etc.)	შეკვეთა	shek'veta
pedir (um favor, etc.)	თხოვნა	tkhovna
pegar (tomar)	აღება	agheba

pegar (uma bola)	ჭერა	ch'era
pensar (vi, vt)	ფიქრი	pikri
perceber (ver)	შენიშვნა	shenishvna
perdoar (vt)	პატიება	p'at'ieba
perguntar (vt)	კითხვა	k'itkhva

permitir (vt)	ნების დართვა	nebis dartva
pertencer a ... (vi)	კუთვნება	k'utvneba
planejar (vt)	დაგეგმვა	dagegmva
poder (~ fazer algo)	შეძლება	shedzleba
possuir (uma casa, etc.)	ფლობა	ploba

preferir (vt)	მჯობინება	mjobineba
preparar (vt)	მზადება	mzadeba
prever (vt)	გათვალისწინება	gatvalists'ineba
prometer (vt)	დაპირება	dap'ireba
pronunciar (vt)	წარმოთქმა	ts'armotkma

propor (vt)	შეთავაზება	shetavazeba
punir (castigar)	დასჯა	dasja
quebrar (vt)	ტეხა	t'ekha
queixar-se de ...	ჩივილი	chivili
querer (desejar)	ნდომა	ndoma

16. Os verbos mais importantes. Parte 4

| ralhar, repreender (vt) | ლანძღვა | landzghva |
| recomendar (vt) | რეკომენდაციის მიცემა | rek'omendatsiis mitsema |

repetir (dizer outra vez)	გამეორება	gameoreba
reservar (~ um quarto)	რეზერვირება	rezervireba
responder (vt)	პასუხის გაცემა	p'asukhis gatsema
rezar, orar (vi)	ლოცვა	lotsva
rir (vi)	სიცილი	sitsili
roubar (vt)	პარვა	p'arva
saber (vt)	ცოდნა	tsodna
sair (~ de casa)	გამოსვლა	gamosvla
salvar (resgatar)	გადარჩენა	gadarchena
seguir (~ alguém)	მიდევნა	midevna
sentar-se (vr)	დაჯდომა	dajdoma
ser necessário	საჭიროება	sach'iroeba
ser, estar	ყოფნა	qopna
significar (vt)	აღნიშვნა	aghnishvna
sorrir (vi)	გაღიმება	gaghimeba
subestimar (vt)	არშეფასება	arshepaseba
surpreender-se (vr)	გაკვირვება	gak'virveba
tentar (~ fazer)	ცდა	tsda
ter (anim.)	ყოლა	qola
ter (inanim.)	ქონა	kona
ter medo	შიში	shishi
tocar (com as mãos)	ხელის ხლება	khelis khleba
tomar café da manhã	საუზმობა	sauzmoba
trabalhar (vi)	მუშაობა	mushaoba
traduzir (vt)	თარგმნა	targmna
unir (vt)	გაერთიანება	gaertianeba
vender (vt)	გაყიდვა	gaqidva
ver (vt)	ხედვა	khedva
virar (~ para a direita)	მობრუნება	mobruneba
voar (vi)	ფრენა	prena

TEMPO. CALENDÁRIO

17. Dias da semana

segunda-feira (f)	ორშაბათი	orshabati
terça-feira (f)	სამშაბათი	samshabati
quarta-feira (f)	ოთხშაბათი	otkhshabati
quinta-feira (f)	ხუთშაბათი	khutshabati
sexta-feira (f)	პარასკევი	p'arask'evi
sábado (m)	შაბათი	shabati
domingo (m)	კვირა	k'vira
hoje	დღეს	dghes
amanhã	ხვალ	khval
depois de amanhã	ზეგ	zeg
ontem	გუშინ	gushin
anteontem	გუშინწინ	gushints'in
dia (m)	დღე	dghe
dia (m) de trabalho	სამუშაო დღე	samushao dghe
feriado (m)	სადღესასწაულო დღე	sadghesasts'aulo dghe
dia (m) de folga	დასვენების დღე	dasvenebis dghe
fim (m) de semana	დასვენების დღეები	dasvenebis dgheebi
o dia todo	მთელი დღე	mteli dghe
no dia seguinte	მომდევნო დღეს	momdevno dghes
há dois dias	ორი დღის წინ	ori dghis ts'in
na véspera	წინადღეს	ts'inadghes
diário (adj)	ყოველდღიური	qoveldghiuri
todos os dias	ყოველდღიურად	qoveldghiurad
semana (f)	კვირა	k'vira
na semana passada	გასულ კვირას	gasul k'viras
semana que vem	მომდევნო კვირას	momdevno k'viras
semanal (adj)	ყოველკვირეული	qovelk'vireuli
toda semana	ყოველკვირეულად	qovelk'vireulad
duas vezes por semana	კვირაში ორჯერ	k'virashi orjer
toda terça-feira	ყოველ სამშაბათს	qovel samshabats

18. Horas. Dia e noite

manhã (f)	დილა	dila
de manhã	დილით	dilit
meio-dia (m)	შუადღე	shuadghe
à tarde	სადილის შემდეგ	sadilis shemdeg
tardinha (f)	საღამო	saghamo
à tardinha	საღამოს	saghamos

noite (f)	ღამე	ghame
à noite	ღამით	ghamit
meia-noite (f)	შუაღამე	shuaghame

segundo (m)	წამი	ts'ami
minuto (m)	წუთი	ts'uti
hora (f)	საათი	saati
meia hora (f)	ნახევარი საათი	nakhevari saati
quarto (m) de hora	თხუთმეტი წუთი	tkhutmet'i ts'uti
quinze minutos	თხუთმეტი წუთი	tkhutmet'i ts'uti
vinte e quatro horas	დღე-ღამე	dghe-ghame

nascer (m) do sol	მზის ამოსვლა	mzis amosvla
amanhecer (m)	განთიადი	gantiadi
madrugada (f)	ადრიანი დილა	adriani dila
pôr-do-sol (m)	მზის ჩასვლა	mzis chasvla

de madrugada	დილით ადრე	dilit adre
esta manhã	დღეს დილით	dghes dilit
amanhã de manhã	ხვალ დილით	khval dilit

esta tarde	დღეს	dghes
à tarde	სადილის შემდეგ	sadilis shemdeg
amanhã à tarde	ხვალ სადილის შემდეგ	khval sadilis shemdeg

esta noite, hoje à noite	დღეს საღამოს	dghes saghamos
amanhã à noite	ხვალ საღამოს	khval saghamos

às três horas em ponto	ზუსტად სამ საათზე	zust'ad sam saatze
por volta das quatro	დაახლოებით ოთხი საათი	daakhloebit otkhi saati
às doze	თორმეტი საათისთვის	tormet'i saatistvis

em vinte minutos	ოც წუთში	ots ts'utshi
em uma hora	ერთ საათში	ert saatshi
a tempo	დროულად	droulad

... um quarto para	თხუთმეტი წუთი აკლია	tkhutmet'i ts'uti ak'lia
dentro de uma hora	საათის განმავლობაში	saatis ganmavlobashi
a cada quinze minutos	ყოველ თხუთმეტ წუთში	qovel tkhutmet' ts'utshi
as vinte e quatro horas	დღე-ღამის განმავლობაში	dghe-ghamis ganmavlobashi

19. Meses. Estações

janeiro (m)	იანვარი	ianvari
fevereiro (m)	თებერვალი	tebervali
março (m)	მარტი	mart'i
abril (m)	აპრილი	ap'rili
maio (m)	მაისი	maisi
junho (m)	ივნისი	ivnisi

julho (m)	ივლისი	ivlisi
agosto (m)	აგვისტო	agvist'o
setembro (m)	სექტემბერი	sekt'emberi
outubro (m)	ოქტომბერი	okt'omberi

novembro (m)	ნოემბერი	noemberi
dezembro (m)	დეკემბერი	dek'emberi
primavera (f)	გაზაფხული	gazapkhuli
na primavera	გაზაფხულზე	gazapkhulze
primaveril (adj)	გაზაფხულისა	gazapkhulisa
verão (m)	ზაფხული	zapkhuli
no verão	ზაფხულში	zapkhulshi
de verão	ზაფხულისა	zapkhulisa
outono (m)	შემოდგომა	shemodgoma
no outono	შემოდგომაზე	shemodgomaze
outonal (adj)	შემოდგომისა	shemodgomisa
inverno (m)	ზამთარი	zamtari
no inverno	ზამთარში	zamtarshi
de inverno	ზამთრის	zamtris
mês (m)	თვე	tve
este mês	ამ თვეში	am tveshi
mês que vem	მომდევნო თვეს	momdevno tves
no mês passado	გასულ თვეს	gasul tves
um mês atrás	ერთი თვის წინ	erti tvis ts'in
em um mês	ერთი თვის შემდეგ	erti tvis shemdeg
em dois meses	ორი თვის შემდეგ	ori tvis shemdeg
todo o mês	მთელი თვე	mteli tve
um mês inteiro	მთელი თვე	mteli tve
mensal (adj)	ყოველთვიური	qoveltviuri
mensalmente	ყოველთვიურად	qoveltviurad
todo mês	ყოველ თვე	qovel tve
duas vezes por mês	თვეში ორჯერ	tveshi orjer
ano (m)	წელი	ts'eli
este ano	წელს	ts'els
ano que vem	მომავალ წელს	momaval ts'els
no ano passado	შარშან	sharshan
há um ano	ერთი წლის წინ	erti ts'lis ts'in
em um ano	ერთი წლის შემდეგ	erti ts'lis shemdeg
dentro de dois anos	ორი წლის შემდეგ	ori ts'lis shemdeg
todo o ano	მთელი წელი	mteli ts'eli
um ano inteiro	მთელი წელი	mteli ts'eli
cada ano	ყოველ წელს	qovel ts'els
anual (adj)	ყოველწლიური	qovelts'liuri
anualmente	ყოველწლიურად	qovelts'liurad
quatro vezes por ano	წელიწადში ოთხჯერ	ts'elits'adshi otkhjer
data (~ de hoje)	რიცხვი	ritskhvi
data (ex. ~ de nascimento)	თარიღი	tarighi
calendário (m)	კალენდარი	k'alendari
meio ano	ნახევარი წელი	nakhevari ts'eli
seis meses	ნახევარწელი	nakhevarts'eli

| estação (f) | სეზონი | sezoni |
| século (m) | საუკუნე | sauk'une |

VIAGENS. HOTEL

20. Viagens

turismo (m)	ტურიზმი	t'urizmi
turista (m)	ტურისტი	t'urist'i
viagem (f)	მოგზაურობა	mogzauroba
aventura (f)	თავგადასავალი	tavgadasavali
percurso (curta viagem)	ხანმოკლე მოგზაურობა	khanmok'le mogzauroba
férias (f pl)	შვებულება	shvebuleba
estar de férias	შვებულებაში ყოფნა	shvebulebashi qopna
descanso (m)	დასვენება	dasveneba
trem (m)	მატარებელი	mat'arebeli
de trem (chegar ~)	მატარებლით	mat'areblit
avião (m)	თვითმფრინავი	tvitmprinavi
de avião	თვითმფრინავით	tvitmprinavit
de carro	ავტომობილით	avt'omobilit
de navio	გემით	gemit
bagagem (f)	ბარგი	bargi
mala (f)	ჩემოდანი	chemodani
carrinho (m)	ურიკა	urik'a
passaporte (m)	პასპორტი	p'asp'ort'i
visto (m)	ვიზა	viza
passagem (f)	ბილეთი	bileti
passagem (f) aérea	ავიაბილეთი	aviabileti
guia (m) de viagem	მეგზური	megzuri
mapa (m)	რუკა	ruk'a
área (f)	ადგილი	adgili
lugar (m)	ადგილი	adgili
exotismo (m)	ეგზოტიკა	egzot'ik'a
exótico (adj)	ეგზოტიკური	egzot'ik'uri
surpreendente (adj)	საოცარი	saotsari
grupo (m)	ჯგუფი	jgupi
excursão (f)	ექსკურსია	eksk'ursia
guia (m)	ექსკურსიის მძღოლი	eksk'ursiis mdzgholi

21. Hotel

hotel (m)	სასტუმრო	sast'umro
motel (m)	მოტელი	mot'eli
três estrelas	სამი ვარსკვლავი	sami varsk'vlavi

cinco estrelas	ხუთი ვარსკვლავი	khuti varsk'vlavi
ficar (vi, vt)	გაჩერება	gachereba
quarto (m)	ნომერი	nomeri
quarto (m) individual	ერთადგილიანი ნომერი	ertadgiliani nomeri
quarto (m) duplo	ორადგილიანი ნომერი	oradgiliani nomeri
reservar um quarto	ნომერის დაჯავშნა	nomeris dajavshna
meia pensão (f)	ნახევარპანსიონი	nakhevarp'ansioni
pensão (f) completa	სრული პანსიონი	sruli p'ansioni
com banheira	სააბაზანოთი	saabazanoti
com chuveiro	შხაპით	shkhap'it
televisão (m) por satélite	თანამგზავრული ტელევიზია	tanamgzavruli t'elevizia
ar (m) condicionado	კონდიციონერი	k'onditsioneri
toalha (f)	პირსახოცი	p'irsakhotsi
chave (f)	გასაღები	gasaghebi
administrador (m)	ადმინისტრატორი	administ'rat'ori
camareira (f)	მოახლე	moakhle
bagageiro (m)	მებარგული	mebarguli
porteiro (m)	პორტიე	p'ort'ie
restaurante (m)	რესტორანი	rest'orani
bar (m)	ბარი	bari
café (m) da manhã	საუზმე	sauzme
jantar (m)	ვახშამი	vakhshami
bufê (m)	შვედური მაგიდა	shveduri magida
saguão (m)	ვესტიბიული	vest'ibiuli
elevador (m)	ლიფტი	lipt'i
NÃO PERTURBE	ნუ შემაწუხებთ	nu shemats'ukhebt
PROIBIDO FUMAR!	ნუ მოსწევთ!	nu mosts'evt!

22. Turismo

monumento (m)	ძეგლი	dzegli
fortaleza (f)	ციხე-სიმაგრე	tsikhe-simagre
palácio (m)	სასახლე	sasakhle
castelo (m)	ციხე-დარბაზი	tsikhe-darbazi
torre (f)	კოშკი	k'oshk'i
mausoléu (m)	მავზოლეუმი	mavzoleumi
arquitetura (f)	არქიტექტურა	arkit'ekt'ura
medieval (adj)	შუა საუკუნეებისა	shua sauk'uneebisa
antigo (adj)	ძველებური	dzveleburi
nacional (adj)	ეროვნული	erovnuli
famoso, conhecido (adj)	ცნობილი	tsnobili
turista (m)	ტურისტი	t'urist'i
guia (pessoa)	გიდი	gidi
excursão (f)	ექსკურსია	eksk'ursia

mostrar (vt)	ჩვენება	chveneba
contar (vt)	მოთხრობა	motkhroba
encontrar (vt)	პოვნა	p'ovna
perder-se (vr)	დაკარგვა	dak'argva
mapa (~ do metrô)	სქემა	skema
mapa (~ da cidade)	გეგმა	gegma
lembrança (f), presente (m)	სუვენირი	suveniri
loja (f) de presentes	სუვენირების მაღაზია	suvenirebis maghazia
tirar fotos, fotografar	სურათის გადაღება	suratis gadagheba
fotografar-se (vr)	სურათის გადაღება	suratis gadagheba

TRANSPORTES

23. Aeroporto

aeroporto (m)	აეროპორტი	aerop'ort'i
avião (m)	თვითმფრინავი	tvitmprinavi
companhia (f) aérea	ავიაკომპანია	aviak'omp'ania
controlador (m) de tráfego aéreo	დისპეჩერი	disp'echeri

partida (f)	გაფრენა	gaprena
chegada (f)	მოფრენა	moprena
chegar (vi)	მოფრენა	moprena

hora (f) de partida	გაფრენის დრო	gaprenis dro
hora (f) de chegada	მოფრენის დრო	moprenis dro

estar atrasado	დაგვიანება	dagvianeba
atraso (m) de voo	გაფრენის დაგვიანება	gaprenis dagvianeba

painel (m) de informação	საინფორმაციო ტაბლო	sainpormatsio t'ablo
informação (f)	ინფორმაცია	inpormatsia
anunciar (vt)	გამოცხადება	gamotskhadeba
voo (m)	რეისი	reisi

alfândega (f)	საბაჟო	sabazho
funcionário (m) da alfândega	მებაჟე	mebazhe

declaração (f) alfandegária	დეკლარაცია	dek'laratsia
preencher a declaração	დეკლარაციის შევსება	dek'laratsiis shevseba
controle (m) de passaporte	საპასპორტო კონტროლი	sap'asp'ort'o k'ont'roli

bagagem (f)	ბარგი	bargi
bagagem (f) de mão	ხელის ბარგი	khelis bargi
carrinho (m)	ურიკა	urik'a

pouso (m)	დაჯდომა	dajdoma
pista (f) de pouso	დასაფრენი ზოლი	dasapreni zoli
aterrissar (vi)	დაჯდომა	dajdoma
escada (f) de avião	ტრაპი	t'rap'i

check-in (m)	რეგისტრაცია	regist'ratsia
balcão (m) do check-in	სარეგისტრაციო დგარი	saregist'ratsio dgari
fazer o check-in	დარეგისტრირება	daregist'rireba
cartão (m) de embarque	ჩასაჯდომი ტალონი	chasajdomi t'aloni
portão (m) de embarque	გასვლა	gasvla

trânsito (m)	ტრანზიტი	t'ranzit'i
esperar (vi, vt)	ლოდინი	lodini
sala (f) de espera	მოსაცდელი დარბაზი	mosatsdeli darbazi

| despedir-se (acompanhar) | გაცილება | gatsileba |
| despedir-se (dizer adeus) | გამომშვიდობება | gamomshvidobeba |

24. Avião

avião (m)	თვითმფრინავი	tvitmprinavi
passagem (f) aérea	ავიაბილეთი	aviabileti
companhia (f) aérea	ავიაკომპანია	aviak'omp'ania
aeroporto (m)	აეროპორტი	aerop'ort'i
supersônico (adj)	ზებგერითი	zebgeriti

comandante (m) do avião	ხომალდის მეთაური	khomaldis metauri
tripulação (f)	ეკიპაჟი	ek'ip'azhi
piloto (m)	პილოტი	p'ilot'i
aeromoça (f)	სტიუარდესა	st'iuardesa
copiloto (m)	შტურმანი	sht'urmani

asas (f pl)	ფრთები	prtebi
cauda (f)	კუდი	k'udi
cabine (f)	კაბინა	k'abina
motor (m)	ძრავი	dzravi
trem (m) de pouso	შასი	shasi
turbina (f)	ტურბინა	t'urbina
hélice (f)	პროპელერი	p'rop'eleri
caixa-preta (f)	შავი ყუთი	shavi quti
coluna (f) de controle	საჭევრი	sach'evri
combustível (m)	საწვავი	sats'vavi

instruções (f pl) de segurança	ინსტრუქცია	inst'ruktsia
máscara (f) de oxigênio	ჟანგბადის ნიღაბი	zhangbadis nighabi
uniforme (m)	უნიფორმა	uniporma
colete (m) salva-vidas	სამაშველო ჟილეტი	samashvelo zhilet'i
paraquedas (m)	პარაშუტი	p'arashut'i
decolagem (f)	აფრენა	aprena
descolar (vi)	აფრენა	aprena
pista (f) de decolagem	ასაფრენი ზოლი	asapreni zoli

visibilidade (f)	ხილვადობა	khilvadoba
voo (m)	ფრენა	prena
altura (f)	სიმაღლე	simaghle
poço (m) de ar	ჰაერის ორმო	haeris ormo

assento (m)	ადგილი	adgili
fone (m) de ouvido	საყურისი	saqurisi
mesa (f) retrátil	გადასაწევი მაგიდა	gadasats'evi magida
janela (f)	ილუმინატორი	iluminat'ori
corredor (m)	გასასვლელი	gasasvleli

25. Comboio

| trem (m) | მატარებელი | mat'arebeli |
| trem (m) elétrico | ელექტრომატარებელი | elekt'romat'arebeli |

trem (m)	ჩქაროსნული მატარებელი	chkarosnuli mat'arebeli
locomotiva (f) diesel	თბომავალი	tbomavali
locomotiva (f) a vapor	ორთქლმავალი	ortklmavali

vagão (f) de passageiros	ვაგონი	vagoni
vagão-restaurante (m)	ვაგონი-რესტორანი	vagoni-rest'orani

carris (m pl)	რელსი	relsi
estrada (f) de ferro	რკინიგზა	rk'inigza
travessa (f)	შპალი	shp'ali

plataforma (f)	პლატფორმა	p'latporma
linha (f)	ლიანდაგი	liandagi
semáforo (m)	სემაფორი	semapori
estação (f)	სადგური	sadguri
maquinista (m)	მემანქანე	memankane
bagageiro (m)	მებარგული	mebarguli
hospedeiro, -a (m, f)	გამყოლი	gamqoli
passageiro (m)	მგზავრი	mgzavri
revisor (m)	კონტროლიორი	k'ont'roliori

corredor (m)	დერეფანი	derepani
freio (m) de emergência	სტოპ-კრანი	st'op'-k'rani

compartimento (m)	კუპე	k'up'e
cama (f)	თარო	taro
cama (f) de cima	ზედა თარო	zeda taro
cama (f) de baixo	ქვედა თარო	kveda taro
roupa (f) de cama	თეთრეული	tetreuli
passagem (f)	ბილეთი	bileti
horário (m)	განრიგი	ganrigi
painel (m) de informação	ტაბლო	t'ablo

partir (vt)	გასვლა	gasvla
partida (f)	გამგზავრება	gamgzavreba
chegar (vi)	ჩამოსვლა	chamosvla
chegada (f)	ჩამოსვლა	chamosvla

chegar de trem	მატარებლით მოსვლა	mat'areblit mosvla
pegar o trem	მატარებელში ჩაჯდომა	mat'arebelshi chajdoma
descer de trem	მატარებლიდან ჩამოსვლა	mat'areblidan chamosvla

acidente (m) ferroviário	მარცხი	martskhi
descarrilar (vi)	რელსებიდან გადასვლა	relsebidan gadasvla

locomotiva (f) a vapor	ორთქლმავალი	ortklmavali
foguista (m)	ცეცხლფარეში	tsetskhlpareshi
fornalha (f)	საცეცხლე	satsetskhle
carvão (m)	ნახშირი	nakhshiri

26. Barco

navio (m)	გემი	gemi
embarcação (f)	ხომალდი	khomaldi

barco (m) a vapor	ორთქლმავალი	ortklmavali
barco (m) fluvial	თბომავალი	tbomavali
transatlântico (m)	ლაინერი	laineri
cruzeiro (m)	კრეისერი	k'reiseri
iate (m)	იახტა	iakht'a
rebocador (m)	ბუქსირი	buksiri
barcaça (f)	ბარჟა	barzha
ferry (m)	ბორანი	borani
veleiro (m)	იალქნიანი გემი	ialkniani gemi
bergantim (m)	ბრიგანტინა	brigant'ina
quebra-gelo (m)	ყინულმჭრელი	qinulmch'reli
submarino (m)	წყალქვეშა ნავი	ts'qalkvesha navi
bote, barco (m)	ნავი	navi
baleeira (bote salva-vidas)	კანჯო	k'anjo
bote (m) salva-vidas	მაშველი კანჯო	mashveli k'anjo
lancha (f)	კატარღა	k'at'argha
capitão (m)	კაპიტანი	k'ap'it'ani
marinheiro (m)	მატროსი	mat'rosi
marujo (m)	მეზღვაური	mezghvauri
tripulação (f)	ეკიპაჟი	ek'ip'azhi
contramestre (m)	ბოცმანი	botsmani
grumete (m)	იუნგა	iunga
cozinheiro (m) de bordo	კოკი	k'ok'i
médico (m) de bordo	გემის ექიმი	gemis ekimi
convés (m)	გემბანი	gembani
mastro (m)	ანძა	andza
vela (f)	იალქანი	ialkani
porão (m)	ტრიუმი	t'riumi
proa (f)	ცხვირი	tskhviri
popa (f)	კიჩო	k'icho
remo (m)	ნიჩაბი	nichabi
hélice (f)	ხრახნი	khrakhni
cabine (m)	კაიუტა	k'aiut'a
sala (f) dos oficiais	კაიუტკომპანია	k'aiut'k'omp'ania
sala (f) das máquinas	სამანქანო განყოფილება	samankano ganqopileba
ponte (m) de comando	კაპიტნის ხიდურა	k'ap'it'nis khidura
sala (f) de comunicações	რადიოჯიხური	radiojikhuri
onda (f)	ტალღა	t'algha
diário (m) de bordo	გემის ჟურნალი	gemis zhurnali
luneta (f)	ჭოგრი	ch'ogri
sino (m)	ზარი	zari
bandeira (f)	დროშა	drosha
cabo (m)	ბაგირი	bagiri
nó (m)	კვანძი	k'vandzi
corrimão (m)	სახელური	sakheluri

prancha (f) de embarque	ტრაპი	t'rap'i
âncora (f)	ღუზა	ghuza
recolher a âncora	ღუზის ამოწევა	ghuzis amots'eva
jogar a âncora	ღუზის ჩაშვება	ghuzis chashveba
amarra (corrente de âncora)	ღუზის ჯაჭვი	ghuzis jach'vi
porto (m)	ნავსადგური	navsadguri
cais, amarradouro (m)	მისადგომი	misadgomi
atracar (vi)	მიდგომა	midgoma
desatracar (vi)	ნაპირს მოცილება	nap'irs motsileba
viagem (f)	მოგზაურობა	mogzauroba
cruzeiro (m)	კრუიზი	k'ruizi
rumo (m)	კურსი	k'ursi
itinerário (m)	მარშრუტი	marshrut'i
canal (m) de navegação	ფარვატერი	parvat'eri
banco (m) de areia	თავთხელი	tavtkheli
encalhar (vt)	თავთხელზე დაჯდომა	tavtkhelze dajdoma
tempestade (f)	ქარიშხალი	karishkhali
sinal (m)	სიგნალი	signali
afundar-se (vr)	ჩაძირვა	chadzirva
Homem ao mar!	ადამიანი ბორტს იქით!	adamiani bort's ikit!
SOS	სოს	sos
boia (f) salva-vidas	საშველი რგოლი	sashveli rgoli

CIDADE

27. Transportes urbanos

ônibus (m)	ავტობუსი	avt'obusi
bonde (m) elétrico	ტრამვაი	t'ramvai
trólebus (m)	ტროლეიბუსი	t'roleibusi
rota (f), itinerário (m)	მარშრუტი	marshrut'i
número (m)	ნომერი	nomeri
ir de ... (carro, etc.)	მგზავრობა	mgzavroba
entrar no ...	ჩაჯდომა	chajdoma
descer do ...	ჩამოსვლა	chamosvla
parada (f)	გაჩერება	gachereba
próxima parada (f)	შემდეგი გაჩერება	shemdegi gachereba
terminal (m)	ბოლო გაჩერება	bolo gachereba
horário (m)	განრიგი	ganrigi
esperar (vt)	ლოდინი	lodini
passagem (f)	ბილეთი	bileti
tarifa (f)	ბილეთის ღირებულება	biletis ghirebuleba
bilheteiro (m)	მოლარე	molare
controle (m) de passagens	კონტროლი	k'ont'roli
revisor (m)	კონტროლიორი	k'ont'roliori
atrasar-se (vr)	დაგვიანება	dagvianeba
perder (o autocarro, etc.)	დაგვიანება	dagvianeba
estar com pressa	აჩქარება	achkareba
táxi (m)	ტაქსი	t'aksi
taxista (m)	ტაქსისტი	t'aksist'i
de táxi (ir ~)	ტაქსით	t'aksit
ponto (m) de táxis	ტაქსის სადგომი	t'aksis sadgomi
chamar um táxi	ტაქსის გამოძახება	t'aksis gamodzakheba
pegar um táxi	ტაქსის აყვანა	t'aksis aqvana
tráfego (m)	ქუჩაში მოძრაობა	kuchashi modzraoba
engarrafamento (m)	საცობი	satsobi
horas (f pl) de pico	პიკის საათები	p'ik'is saatebi
estacionar (vi)	პარკირება	p'ark'ireba
estacionar (vt)	პარკირება	p'ark'ireba
parque (m) de estacionamento	სადგომი	sadgomi
metrô (m)	მეტრო	met'ro
estação (f)	სადგური	sadguri
ir de metrô	მეტროთი მგზავრობა	met'roti mgzavroba
trem (m)	მატარებელი	mat'arebeli
estação (f) de trem	ვაგზალი	vagzali

28. Cidade. Vida na cidade

cidade (f)	ქალაქი	kalaki
capital (f)	დედაქალაქი	dedakalaki
aldeia (f)	სოფელი	sopeli
mapa (m) da cidade	ქალაქის გეგმა	kalakis gegma
centro (m) da cidade	ქალაქის ცენტრი	kalakis tsent'ri
subúrbio (m)	გარეუბანი	gareubani
suburbano (adj)	გარეუბნისა	gareubnisa
periferia (f)	გარეუბანი	gareubani
arredores (m pl)	მიდამოები	midamoebi
quarteirão (m)	კვარტალი	k'vart'ali
quarteirão (m) residencial	საცხოვრებელი კვარტალი	satskhovrebeli k'vart'ali
tráfego (m)	ქუჩაში მოძრაობა	kuchashi modzraoba
semáforo (m)	შუქნიშანი	shuknishani
transporte (m) público	ქალაქის ტრანსპორტი	kalakis t'ransp'ort'i
cruzamento (m)	გზაჯვარედინი	gzajvaredini
faixa (f)	საქვეითო გადასასვლელი	sakveito gadasasvleli
túnel (m) subterrâneo	მიწისქვეშა გადასასვლელი	mits'iskvesha gadasasvleli
cruzar, atravessar (vt)	გადასვლა	gadasvla
pedestre (m)	ფეხით მოსიარულე	pekhit mosiarule
calçada (f)	ტროტუარი	t'rot'uari
ponte (f)	ხიდი	khidi
margem (f) do rio	სანაპირო	sanap'iro
alameda (f)	ხეივანი	kheivani
parque (m)	პარკი	p'ark'i
bulevar (m)	ბულვარი	bulvari
praça (f)	მოედანი	moedani
avenida (f)	გამზირი	gamziri
rua (f)	ქუჩა	kucha
travessa (f)	შესახვევი	shesakhvevi
beco (m) sem saída	ჩიხი	chikhi
casa (f)	სახლი	sakhli
edifício, prédio (m)	შენობა	shenoba
arranha-céu (m)	ცათამბჯენი	tsatambjeni
fachada (f)	ფასადი	pasadi
telhado (m)	სახურავი	sakhuravi
janela (f)	ფანჯარა	panjara
arco (m)	თაღი	taghi
coluna (f)	სვეტი	svet'i
esquina (f)	კუთხე	k'utkhe
vitrine (f)	ვიტრინა	vit'rina
letreiro (m)	აბრა	abra
cartaz (do filme, etc.)	აფიშა	apisha
cartaz (m) publicitário	სარეკლამო პლაკატი	sarek'lamo p'lak'at'i
painel (m) publicitário	სარეკლამო ფარი	sarek'lamo pari

lixo (m)	ნაგავი	nagavi
lata (f) de lixo	ურნა	urna
jogar lixo na rua	მონაგვიანება	monagvianeba
aterro (m) sanitário	ნაგავსაყრელი	nagavsaqreli

orelhão (m)	სატელეფონო ჯიხური	sat'elepono jikhuri
poste (m) de luz	ფარნის ბოძი	parnis bodzi
banco (m)	სკამი	sk'ami

polícia (m)	პოლიციელი	p'olitsieli
polícia (instituição)	პოლიცია	p'olitsia
mendigo, pedinte (m)	მათხოვარი	matkhovari
desabrigado (m)	უსახლკარო	usakhlk'aro

29. Instituições urbanas

loja (f)	მაღაზია	maghazia
drogaria (f)	აფთიაქი	aptiaki
ótica (f)	ოპტიკა	op't'ik'a
centro (m) comercial	სავაჭრო ცენტრი	savach'ro tsent'ri
supermercado (m)	სუპერმარკეტი	sup'ermark'et'i

padaria (f)	საფუნთუშე	sapuntushe
padeiro (m)	მცხობელი	mtskhobeli
pastelaria (f)	საკონდიტრო	sak'ondit'ro
mercearia (f)	საბაყლო	sabaqlo
açougue (m)	საყასბე	saqasbe

fruteira (f)	ბოსტნეულის დუქანი	bost'neulis dukani
mercado (m)	ბაზარი	bazari

cafeteria (f)	ყავახანა	qavakhana
restaurante (m)	რესტორანი	rest'orani
bar (m)	ლუდხანა	ludkhana
pizzaria (f)	პიცერია	p'itseria

salão (m) de cabeleireiro	საპარიკმახერო	sap'arik'makhero
agência (f) dos correios	ფოსტა	post'a
lavanderia (f)	ქიმწმენდა	kimts'menda
estúdio (m) fotográfico	ფოტოატელიე	pot'oat'elie

sapataria (f)	ფეხსაცმლის მაღაზია	pekhsatsmlis maghazia
livraria (f)	წიგნების მაღაზია	ts'ignebis maghazia
loja (f) de artigos esportivos	სპორტული მაღაზია	sp'ort'uli maghazia

costureira (m)	ტანსაცმლის შეკეთება	t'ansatsmlis shek'eteba
aluguel (m) de roupa	ტანსაცმლის გაქირავება	t'ansatsmlis gakiraveba
videolocadora (f)	ფილმების გაქირავება	pilmebis gakiraveba

circo (m)	ცირკი	tsirk'i
jardim (m) zoológico	ზოოპარკი	zoop'ark'i
cinema (m)	კინოთეატრი	k'inoteat'ri
museu (m)	მუზეუმი	muzeumi
biblioteca (f)	ბიბლიოთეკა	bibliotek'a

teatro (m)	თეატრი	teat'ri
ópera (f)	ოპერა	op'era
boate (casa noturna)	ღამის კლუბი	ghamis k'lubi
cassino (m)	სამორინე	samorine
mesquita (f)	მეჩეთი	mecheti
sinagoga (f)	სინაგოგა	sinagoga
catedral (f)	ტაძარი	t'adzari
templo (m)	ტაძარი	t'adzari
igreja (f)	ეკლესია	ek'lesia
faculdade (f)	ინსტიტუტი	inst'it'ut'i
universidade (f)	უნივერსიტეტი	universit'et'i
escola (f)	სკოლა	sk'ola
prefeitura (f)	პრეფექტურა	p'repekt'ura
câmara (f) municipal	მერია	meria
hotel (m)	სასტუმრო	sast'umro
banco (m)	ბანკი	bank'i
embaixada (f)	საელჩო	saelcho
agência (f) de viagens	ტურისტული სააგენტო	t'urist'uli saagent'o
agência (f) de informações	ცნობათა ბიურო	tsnobata biuro
casa (f) de câmbio	გაცვლითი პუნქტი	gatsvliti p'unkt'i
metrô (m)	მეტრო	met'ro
hospital (m)	საავადმყოფო	saavadmqopo
posto (m) de gasolina	ბენზინგასამართი სადგური	benzingasamarti sadguri
parque (m) de estacionamento	ავტოსადგომი	avt'osadgomi

30. Sinais

letreiro (m)	აბრა	abra
aviso (m)	წარწერა	ts'arts'era
cartaz, pôster (m)	პლაკატი	p'lak'at'i
placa (f) de direção	მაჩვენებელი	machvenebeli
seta (f)	ისარი	isari
aviso (advertência)	გაფრთხილება	gaprtkhileba
sinal (m) de aviso	გაფრთხილება	gaprtkhileba
avisar, advertir (vt)	გაფრთხილება	gaprtkhileba
dia (m) de folga	დასვენების დღე	dasvenebis dghe
horário (~ dos trens, etc.)	განრიგი	ganrigi
horário (m)	სამუშაო საათები	samushao saatebi
BEM-VINDOS!	კეთილი იყოს თქვენი მობრძანება!	k'etili iqos tkveni mobrdzaneba!
ENTRADA	შესასვლელი	shesasvleli
SAÍDA	გასასვლელი	gasasvleli
EMPURRE	თქვენგან	tkvengan
PUXE	თქვენსკენ	tkvensk'en

ABERTO	ღიაა	ghiaa
FECHADO	დაკეტილია	dak'et'ilia
MULHER	ქალებისათვის	kalebisatvis
HOMEM	კაცებისათვის	k'atsebisatvis
DESCONTOS	ფასდაკლებები	pasdak'lebebi
SALDOS, PROMOÇÃO	გაყიდვა	gaqidva
NOVIDADE!	სიახლე!	siakhle!
GRÁTIS	უფასოდ	upasod
ATENÇÃO!	ყურადღება!	quradgheba!
NÃO HÁ VAGAS	ადგილები არ არის	adgilebi ar aris
RESERVADO	დარეზერვირებულია	darezervirebulia
ADMINISTRAÇÃO	ადმინისტრაცია	administ'ratsia
SOMENTE PESSOAL AUTORIZADO	მხოლოდ პერსონალისათვის	mkholod p'ersonalisatvis
CUIDADO CÃO FEROZ	ავი ძაღლი	avi dzaghli
PROIBIDO FUMAR!	ნუ მოსწევთ!	nu mosts'evt!
NÃO TOCAR	ხელით ნუ შეეხებით!	khelit nu sheekhebit!
PERIGOSO	საშიშია	sashishia
PERIGO	საფრთხე	saprtkhe
ALTA TENSÃO	მაღალი ძაბვა	maghali dzabva
PROIBIDO NADAR	ბანაობა აკრძალულია	banaoba ak'rdzalulia
COM DEFEITO	არ მუშაობს	ar mushaobs
INFLAMÁVEL	ცეცხლსაშიშია	tsetskhlsashishia
PROIBIDO	აკრძალულია	ak'rdzalulia
ENTRADA PROIBIDA	გასვლა აკრძალულია	gasvla ak'rdzalulia
CUIDADO TINTA FRESCA	შეღებილია	sheghebilia

31. Compras

comprar (vt)	ყიდვა	qidva
compra (f)	ნაყიდი	naqidi
compras (f pl)	შოპინგი	shop'ingi
estar aberta (loja)	მუშაობა	mushaoba
estar fechada	დაკეტვა	dak'et'va
calçado (m)	ფეხსაცმელი	pekhsatsmeli
roupa (f)	ტანსაცმელი	t'ansatsmeli
cosméticos (m pl)	კოსმეტიკა	k'osmet'ik'a
alimentos (m pl)	პროდუქტები	p'rodukt'ebi
presente (m)	საჩუქარი	sachukari
vendedor (m)	გამყიდველი	gamqidveli
vendedora (f)	გამყიდველი	gamqidveli
caixa (f)	სალარო	salaro
espelho (m)	სარკე	sark'e

balcão (m)	დახლი	dakhli
provador (m)	მოსაზომი ოთახი	mosazomi otakhi
provar (vt)	მოზომება	mozomeba
servir (roupa, caber)	მორგება	morgeba
gostar (apreciar)	მოწონება	mots'oneba
preço (m)	ფასი	pasi
etiqueta (f) de preço	საფასარი	sapasari
custar (vt)	ღირება	ghireba
Quanto?	რამდენი?	ramdeni?
desconto (m)	ფასდაკლება	pasdak'leba
não caro (adj)	საკმაოდ იაფი	sak'maod iapi
barato (adj)	იაფი	iapi
caro (adj)	ძვირი	dzviri
É caro	ეს ძვირია	es dzviria
aluguel (m)	გაქირავება	gakiraveba
alugar (roupas, etc.)	ქირით აღება	kirit agheba
crédito (m)	კრედიტი	k'redit'i
a crédito	სესხად	seskhad

VESTUÁRIO & ACESSÓRIOS

32. Roupa exterior. Casacos

roupa (f)	ტანსაცმელი	t'ansatsmeli
roupa (f) exterior	ზედა ტანსაცმელი	zeda t'ansatsmeli
roupa (f) de inverno	ზამთრის ტანსაცმელი	zamtris t'ansatsmeli
sobretudo (m)	პალტო	p'alt'o
casaco (m) de pele	ქურქი	kurki
jaqueta (f) de pele	ჯუბაჩა	jubacha
casaco (m) acolchoado	ყურთუკი	qurtuk'i
casaco (m), jaqueta (f)	ქურთუკი	kurtuk'i
impermeável (m)	ლაბადა	labada
a prova d'água	ულტობი	ult'obi

33. Vestuário de homem & mulher

camisa (f)	პერანგი	p'erangi
calça (f)	შარვალი	sharvali
jeans (m)	ჯინსი	jinsi
paletó, terno (m)	პიჯაკი	p'ijak'i
terno (m)	კოსტიუმი	k'ost'iumi
vestido (ex. ~ de noiva)	კაბა	k'aba
saia (f)	ბოლოკაბა	bolok'aba
blusa (f)	ბლუზა	bluza
casaco (m) de malha	კოფთა	k'opta
casaco, blazer (m)	ჟაკეტი	zhak'et'i
camiseta (f)	მაისური	maisuri
short (m)	შორტი	short'i
training (m)	სპორტული კოსტიუმი	sp'ort'uli k'ost'iumi
roupão (m) de banho	ხალათი	khalati
pijama (m)	პიჟამო	p'izhamo
suéter (m)	სვიტრი	svit'ri
pulôver (m)	პულოვერი	p'uloveri
colete (m)	ჟილეტი	zhilet'i
fraque (m)	ფრაკი	prak'i
smoking (m)	სმოკინგი	smok'ingi
uniforme (m)	ფორმა	porma
roupa (f) de trabalho	სამუშაო ტანსაცმელი	samushao t'ansatsmeli
macacão (m)	კომბინეზონი	k'ombinezoni
jaleco (m), bata (f)	ხალათი	khalati

34. Vestuário. Roupa interior

roupa (f) íntima	საცვალი	satsvali
camiseta (f)	მაისური	maisuri
meias (f pl)	წინდები	ts'indebi
camisola (f)	ღამის პერანგი	ghamis p'erangi
sutiã (m)	ბიუსტჰალტერი	biust'halt'eri
meias longas (f pl)	გოლფი-წინდები	golpi-ts'indebi
meias-calças (f pl)	კოლგოტი	k'olgot'i
meias (~ de nylon)	ყელიანი წინდები	qeliani ts'indebi
maiô (m)	საბანაო კოსტიუმი	sabanao k'ost'iumi

35. Adereços de cabeça

chapéu (m), touca (f)	ქუდი	kudi
chapéu (m) de feltro	ქუდი	kudi
boné (m) de beisebol	ბეისბოლის კეპი	beisbolis k'ep'i
boina (~ italiana)	კეპი	k'ep'i
boina (ex. ~ basca)	ბერეტი	beret'i
capuz (m)	კაპიუშონი	k'ap'iushoni
chapéu panamá (m)	პანამა	p'anama
touca (f)	ნაქსოვი ქუდი	naksovi kudi
lenço (m)	თავსაფარი	tavsapari
chapéu (m) feminino	ქუდი	kudi
capacete (m) de proteção	კასკა	k'ask'a
bibico (m)	პილოტურა	p'ilot'ura
capacete (m)	ჩაფხუტი	chapkhut'i
chapéu-coco (m)	ქვაბ-ქუდა	kvab-kuda
cartola (f)	ცილინდრი	tsilindri

36. Calçado

calçado (m)	ფეხსაცმელი	pekhsatsmeli
botinas (f pl), sapatos (m pl)	ყელიანი ფეხსაცმელი	qeliani pekhsatsmeli
sapatos (de salto alto, etc.)	ტუფლი	t'upli
botas (f pl)	ჩექმები	chekmebi
pantufas (f pl)	ჩუსტები	chust'ebi
tênis (~ Nike, etc.)	ფეხსაცმელი	pekhsatsmeli
tênis (~ Converse)	კედი	k'edi
sandálias (f pl)	სანდლები	sandlebi
sapateiro (m)	მეჩექმე	mechekme
salto (m)	ქუსლი	kusli
par (m)	წყვილი	ts'qvili
cadarço (m)	ზონარი	zonari

amarrar os cadarços	ზონრით შეკვრა	zonrit shek'vra
calçadeira (f)	საშველი	sashveli
graxa (f) para calçado	ფეხსაცმლის კრემი	pekhsatsmlis k'remi

37. Acessórios pessoais

luva (f)	ხელთათმანები	kheltatmanebi
mitenes (f pl)	ხელთათმანი	kheltatmani
cachecol (m)	კაშნი	k'ashni
óculos (m pl)	სათვალე	satvale
armação (f)	ჩარჩო	charcho
guarda-chuva (m)	ქოლგა	kolga
bengala (f)	ხელჯოხი	kheljokhi
escova (f) para o cabelo	თმის ჯაგრისი	tmis jagrisi
leque (m)	მარაო	marao
gravata (f)	ჰალსტუხი	halst'ukhi
gravata-borboleta (f)	პეპელა-ჰალსტუხი	p'ep'ela-halst'ukhi
suspensórios (m pl)	აჭიმი	ach'imi
lenço (m)	ცხვირსახოცი	tskhvirsakhotsi
pente (m)	სავარცხელი	savartskheli
fivela (f) para cabelo	თმის სამაგრი	tmis samagri
grampo (m)	თმის სარჭი	tmis sarch'i
fivela (f)	ბალთა	balta
cinto (m)	ქამარი	kamari
alça (f) de ombro	თასმა	tasma
bolsa (f)	ჩანთა	chanta
bolsa (feminina)	ჩანთა	chanta
mochila (f)	რუკზაკი	ruk'zak'i

38. Vestuário. Diversos

moda (f)	მოდა	moda
na moda (adj)	მოდური	moduri
estilista (m)	მოდელიერი	modelieri
colarinho (m)	საყელო	saqelo
bolso (m)	ჯიბე	jibe
de bolso	ჯიბისა	jibisa
manga (f)	სახელო	sakhelo
ganchinho (m)	საკიდარი	sak'idari
bragueta (f)	ბარტყი	bart'qi
zíper (m)	ელვა-შესაკრავი	elva-shesak'ravi
colchete (m)	შესაკრავი	shesak'ravi
botão (m)	ღილი	ghili
botoeira (casa de botão)	ჩასაღილავი	chasaghilavi
soltar-se (vr)	მოწყვეტა	mots'qvet'a

costurar (vi)	კერვა	k'erva
bordar (vt)	ქარგვა	kargva
bordado (m)	ნაქარგი	nakargi
agulha (f)	ნემსი	nemsi
fio, linha (f)	ძაფი	dzapi
costura (f)	ნაკერი	nak'eri
sujar-se (vr)	გასვრა	gasvra
mancha (f)	ლაქა	laka
amarrotar-se (vr)	დაჭმუჭნა	dach'much'na
rasgar (vt)	გახევა	gakheva
traça (f)	ჩრჩილი	chrchili

39. Cuidados pessoais. Cosméticos

pasta (f) de dente	კბილის პასტა	k'bilis p'ast'a
escova (f) de dente	კბილის ჯაგრისი	k'bilis jagrisi
escovar os dentes	კბილების გახეხვა	k'bilebis gakhekhva
gilete (f)	სამართებელი	samartebeli
creme (m) de barbear	საპარსი კრემი	sap'arsi k'remi
barbear-se (vr)	პარსვა	p'arsva
sabonete (m)	საპონი	sap'oni
xampu (m)	შამპუნი	shamp'uni
tesoura (f)	მაკრატელი	mak'rat'eli
lixa (f) de unhas	ფრჩხილის ქლიბი	prchkhilis klibi
corta-unhas (m)	ფრჩხილის საკვნეტი	prchkhilis sak'vnet'i
pinça (f)	პინცეტი	p'intset'i
cosméticos (m pl)	კოსმეტიკა	k'osmet'ik'a
máscara (f)	ნიღაბი	nighabi
manicure (f)	მანიკიური	manik'iuri
fazer as unhas	მანიკიურის კეთება	manik'iuris k'eteba
pedicure (f)	პედიკიური	p'edik'iuri
bolsa (f) de maquiagem	კოსმეტიკის ჩანთა	k'osmet'ik'is chanta
pó (de arroz)	პუდრი	p'udri
pó (m) compacto	საპუდრე	sap'udre
blush (m)	ფერი	peri
perfume (m)	სუნამო	sunamo
água-de-colônia (f)	ტუალეტის წყალი	t'ualet'is ts'qali
loção (f)	ლოსიონი	losioni
colônia (f)	ოდეკოლონი	odek'oloni
sombra (f) de olhos	ქუთუთოს ჩრდილი	kututos chrdili
delineador (m)	თვალის ფანქარი	tvalis pankari
máscara (f), rímel (m)	ტუში	t'ushi
batom (m)	ტუჩის პომადა	t'uchis p'omada
esmalte (m)	ფრჩხილის ლაქი	prchkhilis laki
laquê (m), spray fixador (m)	თმის ლაქი	tmis laki

desodorante (m)	დეზოდორანტი	dezodorant'i
creme (m)	კრემი	k'remi
creme (m) de rosto	სახის კრემი	sakhis k'remi
creme (m) de mãos	ხელის კრემი	khelis k'remi
creme (m) antirrugas	ნაოჭების საწინააღმდეგო კრემი	naoch'ebis sats'inaaghmdego k'remi
de dia	დღისა	dghisa
da noite	ღამისა	ghamisa
absorvente (m) interno	ტამპონი	t'amp'oni
papel (m) higiênico	ტუალეტის ქაღალდი	t'ualet'is kaghaldi
secador (m) de cabelo	ფენი	peni

40. Relógios de pulso. Relógios

relógio (m) de pulso	საათი	saati
mostrador (m)	ციფერბლატი	tsiperblat'i
ponteiro (m)	ისარი	isari
bracelete (em aço)	სამაჯური	samajuri
bracelete (em couro)	თასმა	tasma
pilha (f)	ბატარეა	bat'area
acabar (vi)	დაჯდომა	dajdoma
trocar a pilha	ბატარეის გამოცვლა	bat'areis gamotsvla
relógio (m) de parede	კედლის საათი	k'edlis saati
ampulheta (f)	ქვიშის საათი	kvishis saati
relógio (m) de sol	მზის საათი	mzis saati
despertador (m)	მაღვიძარა	maghvidzara
relojoeiro (m)	მესაათე	mesaate
reparar (vt)	გარემონტება	garemont'eba

EXPERIÊNCIA DO QUOTIDIANO

41. Dinheiro

dinheiro (m)	ფული	puli
câmbio (m)	გაცვლა	gatsvla
taxa (f) de câmbio	კურსი	k'ursi
caixa (m) eletrônico	ბანკომატი	bank'omat'i
moeda (f)	მონეტა	monet'a
dólar (m)	დოლარი	dolari
euro (m)	ევრო	evro
lira (f)	ლირა	lira
marco (m)	მარკა	mark'a
franco (m)	ფრანკი	prank'i
libra (f) esterlina	გირვანქა სტერლინგი	girvanka st'erlingi
iene (m)	იენა	iena
dívida (f)	ვალი	vali
devedor (m)	მოვალე	movale
emprestar (vt)	ნისიად მიცემა	nisiad mitsema
pedir emprestado	ნისიად აღება	nisiad agheba
banco (m)	ბანკი	bank'i
conta (f)	ანგარიში	angarishi
depositar na conta	ანგარიშზე დადება	angarishze dadeba
sacar (vt)	ანგარიშიდან მოხსნა	angarishidan mokhsna
cartão (m) de crédito	საკრედიტო ბარათი	sak'redit'o barati
dinheiro (m) vivo	ნაღდი ფული	naghdi puli
cheque (m)	ჩეკი	chek'i
passar um cheque	ჩეკის გამოწერა	chek'is gamots'era
talão (m) de cheques	ჩეკების წიგნაკი	chek'ebis ts'ignak'i
carteira (f)	საფულე	sapule
niqueleira (f)	საფულე	sapule
cofre (m)	სეიფი	seipi
herdeiro (m)	მემკვიდრე	memk'vidre
herança (f)	მემკვიდრეობა	memk'vidreoba
fortuna (riqueza)	ქონება	koneba
arrendamento (m)	იჯარა	ijara
aluguel (pagar o ~)	ბინის ქირა	binis kira
alugar (vt)	დაქირავება	dakiraveba
preço (m)	ფასი	pasi
custo (m)	ღირებულება	ghirebuleba
soma (f)	თანხა	tankha

gastar (vt)	ხარჯვა	kharjva
gastos (m pl)	ხარჯები	kharjebi
economizar (vi)	დაზოგვა	dazogva
econômico (adj)	მომჭირნე	momch'irne

pagar (vt)	გადახდა	gadakhda
pagamento (m)	საზღაური	sazghauri
troco (m)	ხურდა	khurda

imposto (m)	გადასახადი	gadasakhadi
multa (f)	ჯარიმა	jarima
multar (vt)	დაჯარიმება	dajarimeba

42. Correios. Serviço postal

agência (f) dos correios	ფოსტა	post'a
correio (m)	ფოსტა	post'a
carteiro (m)	ფოსტალიონი	post'alioni
horário (m)	სამუშაო საათები	samushao saatebi

carta (f)	წერილი	ts'erili
carta (f) registada	დაზღვეული წერილი	dazghveuli ts'erili
cartão (m) postal	ღია ბარათი	ghia barati
telegrama (m)	დეპეშა	dep'esha
encomenda (f)	ამანათი	amanati
transferência (f) de dinheiro	ფულადი გზავნილი	puladi gzavnili

receber (vt)	მიღება	migheba
enviar (vt)	გაგზავნა	gagzavna
envio (m)	გაგზავნა	gagzavna

endereço (m)	მისამართი	misamarti
código (m) postal	ინდექსი	indeksi
remetente (m)	გამგზავნი	gamgzavni
destinatário (m)	მიმღები	mimghebi

nome (m)	სახელი	sakheli
sobrenome (m)	გვარი	gvari

tarifa (f)	ტარიფი	t'aripi
ordinário (adj)	ჩვეულებრივი	chveulebrivi
econômico (adj)	ეკონომიური	ek'onomiuri

peso (m)	წონა	ts'ona
pesar (estabelecer o peso)	აწონვა	ats'onva
envelope (m)	კონვერტი	k'onvert'i
selo (m) postal	მარკა	mark'a

43. Banca

banco (m)	ბანკი	bank'i
balcão (f)	განყოფილება	ganqopileba

| consultor (m) bancário | კონსულტანტი | k'onsult'ant'i |
| gerente (m) | მმართველი | mmartveli |

conta (f)	ანგარიში	angarishi
número (m) da conta	ანგარიშის ნომერი	angarishis nomeri
conta (f) corrente	მიმდინარე ანგარიში	mimdinare angarishi
conta (f) poupança	დამაგროვებელი ანგარიში	damagrovebeli angarishi

abrir uma conta	ანგარიშის გახსნა	angarishis gakhsna
fechar uma conta	ანგარიშის დახურვა	angarishis dakhurva
depositar na conta	ანგარიშზე დადება	angarishze dadeba
sacar (vt)	ანგარიშიდან მოხსნა	angarishidan mokhsna

depósito (m)	ანაბარი	anabari
fazer um depósito	ანაბრის გაკეთება	anabris gak'eteba
transferência (f) bancária	გზავნილი	gzavnili
transferir (vt)	გზავნილის გაკეთება	gzavnilis gak'eteba

| soma (f) | თანხა | tankha |
| Quanto? | რამდენი? | ramdeni? |

| assinatura (f) | ხელმოწერა | khelmots'era |
| assinar (vt) | ხელის მოწერა | khelis mots'era |

cartão (m) de crédito	საკრედიტო ბარათი	sak'redit'o barati
senha (f)	კოდი	k'odi
número (m) do cartão de crédito	საკრედიტო ბარათის ნომერი	sak'redit'o baratis nomeri
caixa (m) eletrônico	ბანკომატი	bank'omat'i

cheque (m)	ჩეკი	chek'i
passar um cheque	ჩეკის გამოწერა	chek'is gamots'era
talão (m) de cheques	ჩეკების წიგნაკი	chek'ebis ts'ignak'i

empréstimo (m)	კრედიტი	k'redit'i
pedir um empréstimo	კრედიტისათვის მიმართვა	k'redit'isatvis mimartva
obter empréstimo	კრედიტის აღება	k'redit'is agheba
dar um empréstimo	კრედიტის წარდგენა	k'redit'is ts'ardgena
garantia (f)	გარანტია	garant'ia

44. Telefone. Conversação telefônica

telefone (m)	ტელეფონი	t'eleponi
celular (m)	მობილური ტელეფონი	mobiluri t'eleponi
secretária (f) eletrônica	ავტომოპასუხე	avt'omop'asukhe

| fazer uma chamada | რეკვა | rek'va |
| chamada (f) | ზარი | zari |

discar um número	ნომრის აკრეფა	nomris ak'repa
Alô!	ალო!	alo!
perguntar (vt)	კითხვა	k'itkhva
responder (vt)	პასუხის გაცემა	p'asukhis gatsema
ouvir (vt)	სმენა	smena

bem	კარგად	k'argad
mal	ცუდად	tsudad
ruído (m)	ხარვეზები	kharvezebi

fone (m)	ყურმილი	qurmili
pegar o telefone	ყურმილის აღება	qurmilis agheba
desligar (vi)	ყურმილის დადება	qurmilis dadeba

ocupado (adj)	დაკავებული	dak'avebuli
tocar (vi)	რეკვა	rek'va
lista (f) telefônica	სატელეფონო წიგნი	sat'elepono ts'igni

local (adj)	ადგილობრივი	adgilobrivi
de longa distância	საქალაქთაშორისო	sakalaktashoriso
internacional (adj)	საერთაშორისო	saertashoriso

45. Telefone móvel

celular (m)	მობილური ტელეფონი	mobiluri t'eleponi
tela (f)	დისპლეი	disp'lei
botão (m)	ღილაკი	ghilak'i
cartão SIM (m)	SIM-ბარათი	SIM-barati

bateria (f)	ბატარეა	bat'area
descarregar-se (vr)	განმუხტვა	ganmukht'va
carregador (m)	დასამუხტი მოწყობილობა	dasamukht'i mots'qobiloba

menu (m)	მენიუ	meniu
configurações (f pl)	აწყობა	ats'qoba
melodia (f)	მელოდია	melodia
escolher (vt)	არჩევა	archeva

calculadora (f)	კალკულატორი	k'alk'ulat'ori
correio (m) de voz	ავტომოპასუხე	avt'omop'asukhe
despertador (m)	მაღვიძარა	maghvidzara
contatos (m pl)	სატელეფონო წიგნი	sat'elepono ts'igni

| mensagem (f) de texto | SMS-შეტყობინება | SMS-shet'qobineba |
| assinante (m) | აბონენტი | abonent'i |

46. Estacionário

| caneta (f) | ავტოკალამი | avt'ok'alami |
| caneta (f) tinteiro | კალამი | k'alami |

lápis (m)	ფანქარი	pankari
marcador (m) de texto	მარკერი	mark'eri
caneta (f) hidrográfica	ფლომასტერი	plomast'eri

bloco (m) de notas	ბლოკნოტი	blok'not'i
agenda (f)	დღიური	dghiuri
régua (f)	სახაზავი	sakhazavi

calculadora (f)	კალკულატორი	k'alk'ulat'ori
borracha (f)	საშლელი	sashleli
alfinete (m)	ჭიკარტი	ch'ik'art'i
clipe (m)	სამაგრი	samagri
cola (f)	წებო	ts'ebo
grampeador (m)	სტეპლერი	st'ep'leri
furador (m) de papel	სახვრეტელა	sakhvret'ela
apontador (m)	სათლელი	satleli

47. Línguas estrangeiras

língua (f)	ენა	ena
estrangeiro (adj)	უცხო	utskho
estudar (vt)	შესწავლა	shests'avla
aprender (vt)	სწავლა	sts'avla
ler (vt)	კითხვა	k'itkhva
falar (vi)	ლაპარაკი	lap'arak'i
entender (vt)	გაგება	gageba
escrever (vt)	წერა	ts'era
rapidamente	სწრაფად	sts'rapad
devagar, lentamente	ნელა	nela
fluentemente	თავისუფლად	tavisuplad
regras (f pl)	წესები	ts'esebi
gramática (f)	გრამატიკა	gramat'ik'a
vocabulário (m)	ლექსიკა	leksik'a
fonética (f)	ფონეტიკა	ponet'ik'a
livro (m) didático	სახელმძღვანელო	sakhelmdzghvanelo
dicionário (m)	ლექსიკონი	leksik'oni
manual (m) autodidático	თვითმასწავლებელი	tvitmasts'avlebeli
guia (m) de conversação	სასაუბრო	sasaubro
fita (f) cassete	კასეტი	k'aset'i
videoteipe (m)	ვიდეოკასეტი	videok'aset'i
CD (m)	კომპაქტური დისკი	k'omp'akt'uri disk'i
DVD (m)	დივიდი	dividi
alfabeto (m)	ანბანი	anbani
soletrar (vt)	ასოებით გამოთქმა	asoebit gamotkma
pronúncia (f)	წარმოთქმა	ts'armotkma
sotaque (m)	აქცენტი	aktsent'i
com sotaque	აქცენტით	aktsent'it
sem sotaque	უაქცენტოდ	uaktsent'od
palavra (f)	სიტყვა	sit'qva
sentido (m)	მნიშვნელობა	mnishvneloba
curso (m)	კურსები	k'ursebi
inscrever-se (vr)	ჩაწერა	chats'era

professor (m)	მასწავლებელი	masts'avlebeli
tradução (processo)	თარგმნა	targmna
tradução (texto)	თარგმანი	targmani
tradutor (m)	მთარგმნელი	mtargmneli
intérprete (m)	თარჯიმანი	tarjimani
poliglota (m)	პოლიგლოტი	p'oliglot'i
memória (f)	მეხსიერება	mekhsiereba

REFEIÇÕES. RESTAURANTE

48. Por a mesa

colher (f)	კოვზი	k'ovzi
faca (f)	დანა	dana
garfo (m)	ჩანგალი	changali
xícara (f)	ფინჯანი	pinjani
prato (m)	თეფში	tepshi
pires (m)	ლამბაქი	lambaki
guardanapo (m)	ხელსახოცი	khelsakhotsi
palito (m)	კბილსაჩიჩქნი	k'bilsachichkni

49. Restaurante

restaurante (m)	რესტორანი	rest'orani
cafeteria (f)	ყავახანა	qavakhana
bar (m), cervejaria (f)	ბარი	bari
salão (m) de chá	ჩაის სალონი	chais saloni
garçom (m)	ოფიციანტი	opitsiant'i
garçonete (f)	ოფიციანტი	opitsiant'i
barman (m)	ბარმენი	barmeni
cardápio (m)	მენიუ	meniu
lista (f) de vinhos	ღვინის ბარათი	ghvinis barati
reservar uma mesa	მაგიდის დაჯავშნა	magidis dajavshna
prato (m)	კერძი	k'erdzi
pedir (vt)	შეკვეთა	shek'veta
fazer o pedido	შეკვეთის გაკეთება	shek'vetis gak'eteba
aperitivo (m)	აპერიტივი	ap'erit'ivi
entrada (f)	საუზმეული	sauzmeuli
sobremesa (f)	დესერტი	desert'i
conta (f)	ანგარიში	angarishi
pagar a conta	ანგარიშის გადახდა	angarishis gadakhda
dar o troco	ხურდის მიცემა	khurdis mitsema
gorjeta (f)	გასამრჯელო	gasamrjelo

50. Refeições

comida (f)	საჭმელი	sach'meli
comer (vt)	ჭამა	ch'ama

café (m) da manhã	საუზმე	sauzme
tomar café da manhã	საუზმობა	sauzmoba
almoço (m)	სადილი	sadili
almoçar (vi)	სადილობა	sadiloba
jantar (m)	ვახშამი	vakhshami
jantar (vi)	ვახშმობა	vakhshmoba
apetite (m)	მადა	mada
Bom apetite!	გაამოთ!	gaamot!
abrir (~ uma lata, etc.)	გახსნა	gakhsna
derramar (~ líquido)	დაღვრა	daghvra
derramar-se (vr)	დაღვრა	daghvra
ferver (vi)	დუღილი	dughili
ferver (vt)	ადუღება	adugheba
fervido (adj)	ნადუღი	nadughi
esfriar (vt)	გაგრილება	gagrileba
esfriar-se (vr)	გაგრილება	gagrileba
sabor, gosto (m)	გემო	gemo
fim (m) de boca	გემო	gemo
emagrecer (vi)	გახდომა	gakhdoma
dieta (f)	დიეტა	diet'a
vitamina (f)	ვიტამინი	vit'amini
caloria (f)	კალორია	k'aloria
vegetariano (m)	ვეგეტარიანელი	veget'arianeli
vegetariano (adj)	ვეგეტარიანული	veget'arianuli
gorduras (f pl)	ცხიმები	tskhimebi
proteínas (f pl)	ცილები	tsilebi
carboidratos (m pl)	ნახშირწყლები	nakhshirts'qlebi
fatia (~ de limão, etc.)	ნაჭერი	nach'eri
pedaço (~ de bolo)	ნაჭერი	nach'eri
migalha (f), farelo (m)	ნამცეცი	namtsetsi

51. Pratos cozinhados

prato (m)	კერძი	k'erdzi
cozinha (~ portuguesa)	სამზარეულო	samzareulo
receita (f)	რეცეპტი	retsep't'i
porção (f)	ულუფა	ulupa
salada (f)	სალათი	salati
sopa (f)	წვნიანი	ts'vniani
caldo (m)	ბულიონი	bulioni
sanduíche (m)	ბუტერბროდი	but'erbrodi
ovos (m pl) fritos	ერბო-კვერცხი	erbo-k'vertskhi
hambúrguer (m)	ჰამბურგერი	hamburgeri
bife (m)	ბივშტექსი	bivsht'eksi
acompanhamento (m)	გარნირი	garniri

espaguete (m)	სპაგეტი	sp'aget'i
purê (m) de batata	კარტოფილის პიურე	k'art'opilis p'iure
pizza (f)	პიცა	p'itsa
mingau (m)	ფაფა	papa
omelete (f)	ომლეტი	omlet'i
fervido (adj)	მოხარშული	mokharshuli
defumado (adj)	შებოლილი	shebolili
frito (adj)	შემწვარი	shemts'vari
seco (adj)	გამხმარი	gamkhmari
congelado (adj)	გაყინული	gaqinuli
em conserva (adj)	მარინადში ჩადებული	marinadshi chadebuli
doce (adj)	ტკბილი	t'k'bili
salgado (adj)	მლაშე	mlashe
frio (adj)	ცივი	tsivi
quente (adj)	ცხელი	tskheli
amargo (adj)	მწარე	mts'are
gostoso (adj)	გემრიელი	gemrieli
cozinhar em água fervente	ხარშვა	kharshva
preparar (vt)	მზადება	mzadeba
fritar (vt)	შეწვა	shets'va
aquecer (vt)	გაცხელება	gatskheleba
salgar (vt)	მარილის მოყრა	marilis moqra
apimentar (vt)	პილპილის მოყრა	p'ilp'ilis moqra
ralar (vt)	გახეხვა	gakhekhva
casca (f)	ქერქი	kerki
descascar (vt)	ფცქვნა	ptskvna

52. Comida

carne (f)	ხორცი	khortsi
galinha (f)	ქათამი	katami
frango (m)	წიწილა	ts'its'ila
pato (m)	იხვი	ikhvi
ganso (m)	ბატი	bat'i
caça (f)	ნანადირევი	nanadirevi
peru (m)	ინდაური	indauri
carne (f) de porco	ღორის ხორცი	ghoris khortsi
carne (f) de vitela	ხბოს ხორცი	khbos khortsi
carne (f) de carneiro	ცხვრის ხორცი	tskhvris khortsi
carne (f) de vaca	საქონლის ხორცი	sakonlis khortsi
carne (f) de coelho	ბოცვერი	botsveri
linguiça (f), salsichão (m)	ძეხვი	dzekhvi
salsicha (f)	სოსისი	sosisi
bacon (m)	ბეკონი	bek'oni
presunto (m)	ლორი	lori
pernil (m) de porco	ბარკალი	bark'ali
patê (m)	პაშტეტი	p'asht'et'i
fígado (m)	ღვიძლი	ghvidzli

guisado (m)	ფარში	parshi
língua (f)	ენა	ena
ovo (m)	კვერცხი	k'vertskhi
ovos (m pl)	კვერცხები	k'vertskhebi
clara (f) de ovo	ცილა	tsila
gema (f) de ovo	კვერცხის გული	k'vertskhis guli
peixe (m)	თევზი	tevzi
mariscos (m pl)	ზღვის პროდუქტები	zghvis p'rodukt'ebi
crustáceos (m pl)	კიბოსნაირნი	k'ibosnairni
caviar (m)	ხიზილალა	khizilala
caranguejo (m)	კიბორჩხალა	k'iborchkhala
camarão (m)	კრევეტი	k'revet'i
ostra (f)	ხამანწკა	khamants'k'a
lagosta (f)	ლანგუსტი	langust'i
polvo (m)	რვაფეხა	rvapekha
lula (f)	კალმარი	k'almari
esturjão (m)	თართი	tarti
salmão (m)	ორაგული	oraguli
halibute (m)	პალტუსი	p'alt'usi
bacalhau (m)	ვირთევზა	virtevza
cavala, sarda (f)	სკუმბრია	sk'umbria
atum (m)	თინუსი	tinusi
enguia (f)	გველთევზა	gveltevza
truta (f)	კალმახი	k'almakhi
sardinha (f)	სარდინი	sardini
lúcio (m)	ქარიყლაპია	kariqlap'ia
arenque (m)	ქაშაყი	kashaqi
pão (m)	პური	p'uri
queijo (m)	ყველი	qveli
açúcar (m)	შაქარი	shakari
sal (m)	მარილი	marili
arroz (m)	ბრინჯი	brinji
massas (f pl)	მაკარონი	mak'aroni
talharim, miojo (m)	ატრია	at'ria
manteiga (f)	კარაქი	k'araki
óleo (m) vegetal	მცენარეული ზეთი	mtsenarueli zeti
óleo (m) de girassol	მზესუმზირის ზეთი	mzesumziris zeti
margarina (f)	მარგარინი	margarini
azeitonas (f pl)	ზეითუნი	zeituni
azeite (m)	ზეითუნის ზეთი	zeitunis zeti
leite (m)	რძე	rdze
leite (m) condensado	შესქელებული რძე	sheskelebuli rdze
iogurte (m)	იოგურტი	iogurt'i
creme (m) azedo	არაჟანი	arazhani
creme (m) de leite	ნაღები	naghebi

maionese (f)	მაიონეზი	maionezi
creme (m)	კრემი	k'remi
grãos (m pl) de cereais	ბურღული	burghuli
farinha (f)	ფქვილი	pkvili
enlatados (m pl)	კონსერვები	k'onservebi
flocos (m pl) de milho	სიმინდის ბურბუშელა	simindis burbushela
mel (m)	თაფლი	tapli
geleia (m)	ჯემი	jemi
chiclete (m)	საღეჭი რეზინი	saghech'i rezini

53. Bebidas

água (f)	წყალი	ts'qali
água (f) potável	სასმელი წყალი	sasmeli ts'qali
água (f) mineral	მინერალური წყალი	mineraluri ts'qali
sem gás (adj)	უგაზო	ugazo
gaseificada (adj)	გაზირებული	gazirebuli
com gás	გაზიანი	gaziani
gelo (m)	ყინული	qinuli
com gelo	ყინულით	qinulit
não alcoólico (adj)	უალკოჰოლო	ualk'oholo
refrigerante (m)	უალკოჰოლო სასმელი	ualk'oholo sasmeli
refresco (m)	გამაგრილებელი სასმელი	gamagrilebeli sasmeli
limonada (f)	ლიმონათი	limonati
bebidas (f pl) alcoólicas	ალკოჰოლიანი სასმელები	alk'oholiani sasmelebi
vinho (m)	ღვინო	ghvino
vinho (m) branco	თეთრი ღვინო	tetri ghvino
vinho (m) tinto	წითელი ღვინო	ts'iteli ghvino
licor (m)	ლიქიორი	likiori
champanhe (m)	შამპანური	shamp'anuri
vermute (m)	ვერმუტი	vermut'i
uísque (m)	ვისკი	visk'i
vodca (f)	არაყი	araqi
gim (m)	ჯინი	jini
conhaque (m)	კონიაკი	k'oniak'i
rum (m)	რომი	romi
café (m)	ყავა	qava
café (m) preto	შავი ყავა	shavi qava
café (m) com leite	რძიანი ყავა	rdziani qava
cappuccino (m)	ნაღებიანი ყავა	naghebiani qava
café (m) solúvel	ხსნადი ყავა	khsnadi qava
leite (m)	რძე	rdze
coquetel (m)	კოკტეილი	k'ok't'eili
batida (f), milkshake (m)	რძის კოკტეილი	rdzis k'ok't'eili
suco (m)	წვენი	ts'veni

suco (m) de tomate	ტომატის წვენი	t'omat'is ts'veni
suco (m) de laranja	ფორთოხლის წვენი	portokhlis ts'veni
suco (m) fresco	ახლადგამოწურული წვენი	akhladgamots'uruli ts'veni
cerveja (f)	ლუდი	ludi
cerveja (f) clara	ღია ფერის ლუდი	ghia peris ludi
cerveja (f) preta	მუქი ლუდი	muki ludi
chá (m)	ჩაი	chai
chá (m) preto	შავი ჩაი	shavi chai
chá (m) verde	მწვანე ჩაი	mts'vane chai

54. Vegetais

vegetais (m pl)	ბოსტნეული	bost'neuli
verdura (f)	მწვანილი	mts'vanili
tomate (m)	პომიდორი	p'omidori
pepino (m)	კიტრი	k'it'ri
cenoura (f)	სტაფილო	st'apilo
batata (f)	კარტოფილი	k'art'opili
cebola (f)	ხახვი	khakhvi
alho (m)	ნიორი	niori
couve (f)	კომბოსტო	k'ombost'o
couve-flor (f)	ყვავილოვანი კომბოსტო	qvavilovani k'ombost'o
couve-de-bruxelas (f)	ბრიუსელის კომბოსტო	briuselis k'ombost'o
brócolis (m pl)	კომბოსტო ბროკოლი	k'ombost'o brok'oli
beterraba (f)	ჭარხალი	ch'arkhali
berinjela (f)	ბადრიჯანი	badrijani
abobrinha (f)	ყაბაყი	qabaqi
abóbora (f)	გოგრა	gogra
nabo (m)	თალგამი	talgami
salsa (f)	ოხრახუში	okhrakhushi
endro, aneto (m)	კამა	k'ama
alface (f)	სალათი	salati
aipo (m)	ნიახური	niakhuri
aspargo (m)	სატაცური	sat'atsuri
espinafre (m)	ისპანახი	isp'anakhi
ervilha (f)	ბარდა	barda
feijão (~ soja, etc.)	პარკები	p'ark'ebi
milho (m)	სიმინდი	simindi
feijão (m) roxo	ლობიო	lobio
pimentão (m)	წიწაკა	ts'its'ak'a
rabanete (m)	ბოლოკი	bolok'i
alcachofra (f)	არტიშოკი	art'ishok'i

55. Frutos. Nozes

fruta (f)	ხილი	khili
maçã (f)	ვაშლი	vashli
pera (f)	მსხალი	mskhali
limão (m)	ლიმონი	limoni
laranja (f)	ფორთოხალი	portokhali
morango (m)	მარწყვი	marts'qvi
tangerina (f)	მანდარინი	mandarini
ameixa (f)	ქლიავი	kliavi
pêssego (m)	ატამი	at'ami
damasco (m)	გარგარი	gargari
framboesa (f)	ჟოლო	zholo
abacaxi (m)	ანანასი	ananasi
banana (f)	ბანანი	banani
melancia (f)	საზამთრო	sazamtro
uva (f)	ყურძენი	qurdzeni
ginja (f)	ალუბალი	alubali
cereja (f)	ბალი	bali
melão (m)	ნესვი	nesvi
toranja (f)	გრეიფრუტი	greiprut'i
abacate (m)	ავოკადო	avok'ado
mamão (m)	პაპაია	p'ap'aia
manga (f)	მანგო	mango
romã (f)	ბროწეული	brots'euli
groselha (f) vermelha	წითელი მოცხარი	ts'iteli motskhari
groselha (f) negra	შავი მოცხარი	shavi motskhari
groselha (f) espinhosa	ხურტკმელი	khurt'k'meli
mirtilo (m)	მოცვი	motsvi
amora (f) silvestre	მაყვალი	maqvali
passa (f)	ქიშმიში	kishmishi
figo (m)	ლეღვი	leghvi
tâmara (f)	ფინიკი	pinik'i
amendoim (m)	მიწის თხილი	mits'is tkhili
amêndoa (f)	ნუში	nushi
noz (f)	კაკალი	k'ak'ali
avelã (f)	თხილი	tkhili
coco (m)	ქოქოსის კაკალი	kokosis k'ak'ali
pistaches (m pl)	ფსტა	pst'a

56. Pão. Bolaria

pastelaria (f)	საკონდიტრო ნაწარმი	sak'ondit'ro nats'armi
pão (m)	პური	p'uri
biscoito (m), bolacha (f)	ნამცხვარი	namtskhvari
chocolate (m)	შოკოლადი	shok'oladi
de chocolate	შოკოლადისა	shok'oladisa

bala (f)	კანფეტი	k'anpet'i
doce (bolo pequeno)	ტკბილღვეზელა	t'k'bilghvezela
bolo (m) de aniversário	ტორტი	t'ort'i
torta (f)	ღვეზელი	ghvezeli
recheio (m)	შიგთავსი	shigtavsi
geleia (m)	მურაბა	muraba
marmelada (f)	მარმელადი	marmeladi
wafers (m pl)	ვაფლი	vapli
sorvete (m)	ნაყინი	naqini
pudim (m)	პუდინგი	p'udingi

57. Especiarias

sal (m)	მარილი	marili
salgado (adj)	მლაშე	mlashe
salgar (vt)	მარილის მოყრა	marilis moqra
pimenta-do-reino (f)	პილპილი	p'ilp'ili
pimenta (f) vermelha	წიწაკა	ts'its'ak'a
mostarda (f)	მდოგვი	mdogvi
raiz-forte (f)	პირშუშხა	p'irshushkha
condimento (m)	სანელებელი	sanelebeli
especiaria (f)	სუნელი	suneli
molho (~ inglês)	სოუსი	sousi
vinagre (m)	ძმარი	dzmari
anis estrelado (m)	ანისული	anisuli
manjericão (m)	რეჰანი	rehani
cravo (m)	მიხაკი	mikhak'i
gengibre (m)	კოჭა	k'och'a
coentro (m)	ქინძი	kindzi
canela (f)	დარიჩინი	darichini
gergelim (m)	ქუნჟუტი	kunzhut'i
folha (f) de louro	დაფნის ფოთოლი	dapnis potoli
páprica (f)	წიწაკა	ts'its'ak'a
cominho (m)	კვლიავი	k'vliavi
açafrão (m)	ზაფრანა	zaprana

INFORMAÇÃO PESSOAL. FAMÍLIA

58. Informação pessoal. Formulários

nome (m)	სახელი	sakheli
sobrenome (m)	გვარი	gvari
data (f) de nascimento	დაბადების თარიღი	dabadebis tarighi
local (m) de nascimento	დაბადების ადგილი	dabadebis adgili
nacionalidade (f)	ეროვნება	erovneba
lugar (m) de residência	საცხოვრებელი ადგილი	satskhovrebeli adgili
país (m)	ქვეყანა	kveqana
profissão (f)	პროფესია	p'ropesia
sexo (m)	სქესი	skesi
estatura (f)	სიმაღლე	simaghle
peso (m)	წონა	ts'ona

59. Membros da família. Parentes

mãe (f)	დედა	deda
pai (m)	მამა	mama
filho (m)	ვაჟიშვილი	vazhishvili
filha (f)	ქალიშვილი	kalishvili
caçula (f)	უმცროსი ქალიშვილი	umtsrosi kalishvili
caçula (m)	უმცროსი ვაჟიშვილი	umtsrosi vazhishvili
filha (f) mais velha	უფროსი ქალიშვილი	uprosi kalishvili
filho (m) mais velho	უფროსი ვაჟიშვილი	uprosi vazhishvili
irmão (m)	ძმა	dzma
irmã (f)	და	da
mamãe (f)	დედა	deda
papai (m)	მამა	mama
pais (pl)	მშობლები	mshoblebi
criança (f)	შვილი	shvili
crianças (f pl)	შვილები	shvilebi
avó (f)	ბებია	bebia
avô (m)	პაპა	p'ap'a
neto (m)	შვილიშვილი	shvilishvili
neta (f)	შვილიშვილი	shvilishvili
netos (pl)	შვილიშვილები	shvilishvilebi
tio (m)	ბიძა	bidza
sogra (f)	სიდედრი	sidedri
sogro (m)	მამამთილი	mamamtili

genro (m)	სიძე	sidze
madrasta (f)	დედინაცვალი	dedinatsvali
padrasto (m)	მამინაცვალი	maminatsvali

criança (f) de colo	ძუძუმწოვარა ბავშვი	dzudzumts'ovara bavshvi
bebê (m)	ჩვილი	chvili
menino (m)	ბიჭუნა	bich'una

mulher (f)	ცოლი	tsoli
marido (m)	ქმარი	kmari
esposo (m)	მეუღლე	meughle
esposa (f)	მეუღლე	meughle

casado (adj)	ცოლიანი	tsoliani
casada (adj)	გათხოვილი	gatkhovili
solteiro (adj)	უცოლშვილო	utsolshvilo
solteirão (m)	უცოლშვილო	utsolshvilo
divorciado (adj)	განქორწინებული	gankorts'inebuli
viúva (f)	ქვრივი	kvrivi
viúvo (m)	ქვრივი	kvrivi

parente (m)	ნათესავი	natesavi
parente (m) próximo	ახლო ნათესავი	akhlo natesavi
parente (m) distante	შორეული ნათესავი	shoreuli natesavi
parentes (m pl)	ნათესავები	natesavebi

órfão (m), órfã (f)	ობოლი	oboli
tutor (m)	მეურვე	meurve
adotar (um filho)	შვილად აყვანა	shvilad aqvana
adotar (uma filha)	შვილად აყვანა	shvilad aqvana

60. Amigos. Colegas de trabalho

amigo (m)	მეგობარი	megobari
amiga (f)	მეგობარი	megobari
amizade (f)	მეგობრობა	megobroba
ser amigos	მეგობრობა	megobroba

amigo (m)	ძმაკაცი	dzmak'atsi
amiga (f)	დაქალი	dakali
parceiro (m)	პარტნიორი	p'art'niori

chefe (m)	შეფი	shepi
superior (m)	უფროსი	uprosi
subordinado (m)	ხელქვეითი	khelkveiti
colega (m, f)	კოლეგა	k'olega

conhecido (m)	ნაცნობი	natsnobi
companheiro (m) de viagem	თანამგზავრი	tanamgzavri
colega (m) de classe	თანაკლასელი	tanak'laseli

vizinho (m)	მეზობელი	mezobeli
vizinha (f)	მეზობელი	mezobeli
vizinhos (pl)	მეზობლები	mezoblebi

CORPO HUMANO. MEDICINA

61. Cabeça

cabeça (f)	თავი	tavi
rosto, cara (f)	სახე	sakhe
nariz (m)	ცხვირი	tskhviri
boca (f)	პირი	p'iri
olho (m)	თვალი	tvali
olhos (m pl)	თვალები	tvalebi
pupila (f)	გუგა	guga
sobrancelha (f)	წარბი	ts'arbi
cílio (f)	წამწამი	ts'amts'ami
pálpebra (f)	ქუთუთო	kututo
língua (f)	ენა	ena
dente (m)	კბილი	k'bili
lábios (m pl)	ტუჩები	t'uchebi
maçãs (f pl) do rosto	ყვრიმალები	qvrimalebi
gengiva (f)	ღრძილი	ghrdzili
palato (m)	სასა	sasa
narinas (f pl)	ნესტოები	nest'oebi
queixo (m)	ნიკაპი	nik'ap'i
mandíbula (f)	ყბა	qba
bochecha (f)	ლოყა	loqa
testa (f)	შუბლი	shubli
têmpora (f)	საფეთქელი	sapetkeli
orelha (f)	ყური	quri
costas (f pl) da cabeça	კეფა	k'epa
pescoço (m)	კისერი	k'iseri
garganta (f)	ყელი	qeli
cabelo (m)	თმები	tmebi
penteado (m)	ვარცხნილობა	vartskhniloba
corte (m) de cabelo	შეკრეჭილი თმა	shek'rech'ili tma
peruca (f)	პარიკი	p'arik'i
bigode (m)	ულვაშები	ulvashebi
barba (f)	წვერი	ts'veri
ter (~ barba, etc.)	ტარება	t'areba
trança (f)	ნაწნავი	nats'navi
suíças (f pl)	ბაკენბარდები	bak'enbardebi
ruivo (adj)	წითური	ts'ituri
grisalho (adj)	ჭაღარა	ch'aghara
careca (adj)	მელოტი	melot'i
calva (f)	მელოტი	melot'i

rabo-de-cavalo (m)   კუდი   k'udi
franja (f)   შუბლზე შეჭრილი თმა   shublze shech'rili tma

62. Corpo humano

mão (f)   მტევანი   mt'evani
braço (m)   მკლავი   mk'lavi

dedo (m)   თითი   titi
polegar (m)   ცერა თითი   tsera titi
dedo (m) mindinho   ნეკი   nek'i
unha (f)   ფრჩხილი   prchkhili

punho (m)   მუშტი   musht'i
palma (f)   ხელისგული   khelisguli
pulso (m)   მაჯა   maja
antebraço (m)   წინამხარი   ts'inamkhari
cotovelo (m)   იდაყვი   idaqvi
ombro (m)   მხარი   mkhari

perna (f)   ფეხი   pekhi
pé (m)   ტერფი   t'erpi
joelho (m)   მუხლი   mukhli
panturrilha (f)   წვივი   ts'vivi
quadril (m)   თეძო   tedzo
calcanhar (m)   ქუსლი   kusli

corpo (m)   ტანი   t'ani
barriga (f), ventre (m)   მუცელი   mutseli
peito (m)   მკერდი   mk'erdi
seio (m)   მკერდი   mk'erdi
lado (m)   გვერდი   gverdi
costas (dorso)   ზურგი   zurgi
região (f) lombar   წელი   ts'eli
cintura (f)   წელი   ts'eli

umbigo (m)   ჭიპი   ch'ip'i
nádegas (f pl)   დუნდულები   dundulebi
traseiro (m)   საჯდომი   sajdomi

sinal (m), pinta (f)   ხალი   khali
tatuagem (f)   ტატუირება   t'at'uireba
cicatriz (f)   ნაიარევი   naiarevi

63. Doenças

doença (f)   ავადმყოფობა   avadmqopoba
estar doente   ავადმყოფობა   avadmqopoba
saúde (f)   ჯანმრთელობა   janmrteloba

nariz (m) escorrendo   სურდო   surdo
amigdalite (f)   ანგინა   angina

resfriado (m)	გაცივება	gatsiveba
ficar resfriado	გაცივება	gatsiveba
bronquite (f)	ბრონქიტი	bronkit'i
pneumonia (f)	ფილტვების ანთება	pilt'vebis anteba
gripe (f)	გრიპი	grip'i
míope (adj)	ახლომხედველი	akhlomkhedveli
presbita (adj)	შორსმხედველი	shorsmkhedveli
estrabismo (m)	სიელმე	sielme
estrábico, vesgo (adj)	ელამი	elami
catarata (f)	კატარაქტა	k'at'arakt'a
glaucoma (m)	გლაუკომა	glauk'oma
AVC (m), apoplexia (f)	ინსულტი	insult'i
ataque (m) cardíaco	ინფარქტი	inparkt'i
enfarte (m) do miocárdio	მიოკარდის ინფარქტი	miok'ardis inparkt'i
paralisia (f)	დამბლა	dambla
paralisar (vt)	დამბლის დაცემა	damblis datsema
alergia (f)	ალერგია	alergia
asma (f)	ასთმა	astma
diabetes (f)	დიაბეტი	diabet'i
dor (f) de dente	კბილის ტკივილი	k'bilis t'k'ivili
cárie (f)	კარიესი	k'ariesi
diarreia (f)	დიარეა	diarea
prisão (f) de ventre	კუჭში შეკრულობა	k'uch'shi shek'ruloba
desarranjo (m) intestinal	კუჭის აშლილობა	k'uch'is ashliloba
intoxicação (f) alimentar	მოწამვლა	mots'amvla
intoxicar-se	მოწამვლა	mots'amvla
artrite (f)	ართრიტი	artrit'i
raquitismo (m)	რაქიტი	rakit'i
reumatismo (m)	რევმატიზმი	revmat'izmi
arteriosclerose (f)	ათეროსკლეროზი	aterosk'lerozi
gastrite (f)	გასტრიტი	gast'rit'i
apendicite (f)	აპენდიციტი	ap'enditsit'i
colecistite (f)	ქოლეცისტიტი	koletsist'it'i
úlcera (f)	წყლული	ts'qluli
sarampo (m)	წითელა	ts'itela
rubéola (f)	წითურა	ts'itura
icterícia (f)	სიყვითლე	siqvitle
hepatite (f)	ჰეპატიტი	hep'at'it'i
esquizofrenia (f)	შიზოფრენია	shizoprenia
raiva (f)	ცოფი	tsopi
neurose (f)	ნევროზი	nevrozi
contusão (f) cerebral	ტვინის შერყევა	t'vinis sherqeva
câncer (m)	კიბო	k'ibo
esclerose (f)	სკლეროზი	sk'lerozi
esclerose (f) múltipla	გაფანტული სკლეროზი	gapant'uli sk'lerozi

alcoolismo (m)	ალკოჰოლიზმი	alk'oholizmi
alcoólico (m)	ალკოჰოლიკი	alk'oholik'i
sífilis (f)	სიფილისი	sipilisi
AIDS (f)	შიდსი	shidsi
tumor (m)	სიმსივნე	simsivne
febre (f)	ციება	tsieba
malária (f)	მალარია	malaria
gangrena (f)	განგრენა	gangrena
enjoo (m)	ზღვის ავადმყოფობა	zghvis avadmqopoba
epilepsia (f)	ეპილეფსია	ep'ilepsia
epidemia (f)	ეპიდემია	ep'idemia
tifo (m)	ტიფი	t'ipi
tuberculose (f)	ტუბერკულოზი	t'uberk'ulozi
cólera (f)	ქოლერა	kolera
peste (f) bubônica	შავი ჭირი	shavi ch'iri

64. Sintomas. Tratamentos. Parte 1

sintoma (m)	სიმპტომი	simp't'omi
temperatura (f)	სიცხე	sitskhe
febre (f)	მაღალი სიცხე	maghali sitskhe
pulso (m)	პულსი	p'ulsi
vertigem (f)	თავბრუსხვევა	tavbruskhveva
quente (testa, etc.)	ცხელი	tskheli
calafrio (m)	შეციება	shetsieba
pálido (adj)	ფერმიხდილი	permikhdili
tosse (f)	ხველა	khvela
tossir (vi)	ხველება	khveleba
espirrar (vi)	ცხვირის ცემინება	tskhviris tsemineba
desmaio (m)	გულის წასვლა	gulis ts'asvla
desmaiar (vi)	გულის წასვლა	gulis ts'asvla
mancha (f) preta	ლები	lebi
galo (m)	კოპი	k'op'i
machucar-se (vr)	დაჯახება	dajakheba
contusão (f)	დაჟეჟილობა	dazhezhiloba
machucar-se (vr)	დაჟეჟვა	dazhezhva
mancar (vi)	კოჭლობა	k'och'loba
deslocamento (f)	ღრძობა	ghrdzoba
deslocar (vt)	ღრძობა	ghrdzoba
fratura (f)	მოტეხილობა	mot'ekhiloba
fraturar (vt)	მოტეხა	mot'ekha
corte (m)	ჭრილობა	ch'riloba
cortar-se (vr)	გაჭრა	gach'ra
hemorragia (f)	სისხლდენა	siskhldena
queimadura (f)	დამწვრობა	damts'vroba
queimar-se (vr)	დაწვა	dats'va

picar (vt)	ჩხვლეტა	chkhvlet'a
picar-se (vr)	ჩხვლეტა	chkhvlet'a
lesionar (vt)	დაზიანება	dazianeba
lesão (m)	დაზიანება	dazianeba
ferida (f), ferimento (m)	ჭრილობა	ch'riloba
trauma (m)	ტრავმა	t'ravma

delirar (vi)	ბოდვა	bodva
gaguejar (vi)	ბორძიკით ლაპარაკი	bordzik'it lap'arak'i
insolação (f)	მზის დაკვრა	mzis dak'vra

65. Sintomas. Tratamentos. Parte 2

| dor (f) | ტკივილი | t'k'ivili |
| farpa (no dedo, etc.) | ხიწვი | khits'vi |

suor (m)	ოფლი	opli
suar (vi)	გაოფლიანება	gaoplianeba
vômito (m)	პირღებინება	p'irghebineba
convulsões (f pl)	კრუნჩხვები	k'runchkhvebi

grávida (adj)	ორსული	orsuli
nascer (vi)	დაბადება	dabadeba
parto (m)	მშობიარობა	mshobiaroba
dar à luz	გაჩენა	gachena
aborto (m)	აბორტი	abort'i

respiração (f)	სუნთქვა	suntkva
inspiração (f)	შესუნთქვა	shesuntkva
expiração (f)	ამოსუნთქვა	amosuntkva
expirar (vi)	ამოსუნთქვა	amosuntkva
inspirar (vi)	შესუნთქვა	shesuntkva
inválido (m)	ინვალიდი	invalidi
aleijado (m)	ხეიბარი	kheibari
drogado (m)	ნარკომანი	nark'omani

surdo (adj)	ყრუ	qru
mudo (adj)	მუნჯი	munji
surdo-mudo (adj)	ყრუ-მუნჯი	qru-munji

louco, insano (adj)	გიჟი	gizhi
louco (m)	გიჟი	gizhi
louca (f)	გიჟი	gizhi
ficar louco	ჭკუაზე შეშლა	ch'k'uaze sheshla

gene (m)	გენი	geni
imunidade (f)	იმუნიტეტი	imunit'et'i
hereditário (adj)	მემკვიდრეობითი	memk'vidreobiti
congênito (adj)	თანდაყოლილი	tandaqolili

vírus (m)	ვირუსი	virusi
micróbio (m)	მიკრობი	mik'robi
bactéria (f)	ბაქტერია	bakt'eria
infecção (f)	ინფექცია	inpektsia

66. Sintomas. Tratamentos. Parte 3

hospital (m)	საავადმყოფო	saavadmqopo
paciente (m)	პაციენტი	p'atsient'i
diagnóstico (m)	დიაგნოზი	diagnozi
cura (f)	მკურნალობა	mk'urnaloba
curar-se (vr)	მკურნალობა	mk'urnaloba
tratar (vt)	მკურნალობა	mk'urnaloba
cuidar (pessoa)	მოვლა	movla
cuidado (m)	მოვლა	movla
operação (f)	ოპერაცია	op'eratsia
enfaixar (vt)	შეხვევა	shekhveva
enfaixamento (m)	სახვევი	sakhvevi
vacinação (f)	აცრა	atsra
vacinar (vt)	აცრის გაკეთება	atsris gak'eteba
injeção (f)	ნემსი	nemsi
dar uma injeção	ნემსის გაკეთება	nemsis gak'eteba
ataque (~ de asma, etc.)	შეტევა	shet'eva
amputação (f)	ამპუტაცია	amp'ut'atsia
amputar (vt)	ამპუტირება	amp'ut'ireba
coma (f)	კომა	k'oma
estar em coma	კომაში ყოფნა	k'omashi qopna
reanimação (f)	რეანიმაცია	reanimatsia
recuperar-se (vr)	გამოჯანმრთელება	gamojanmrteleba
estado (~ de saúde)	მდგომარეობა	mdgomareoba
consciência (perder a ~)	ცნობიერება	tsnobiereba
memória (f)	მეხსიერება	mekhsiereba
tirar (vt)	ამოღება	amogheba
obturação (f)	ბჟენი	bzheni
obturar (vt)	დაბჟენა	dabzhena
hipnose (f)	ჰიპნოზი	hip'nozi
hipnotizar (vt)	ჰიპნოტიზირება	hip'not'izireba

67. Medicina. Drogas. Acessórios

medicamento (m)	წამალი	ts'amali
remédio (m)	საშუალება	sashualeba
receitar (vt)	გამოწერა	gamots'era
receita (f)	რეცეპტი	retsep't'i
comprimido (m)	აბი	abi
unguento (m)	მალამო	malamo
ampola (f)	ამპულა	amp'ula
solução, preparado (m)	მიქსტურა	mikst'ura
xarope (m)	სიროფი	siropi
cápsula (f)	აბი	abi

pó (m)   ფხვნილი   pkhvnili
atadura (f)   ბინტი   bint'i
algodão (m)   ბამბა   bamba
iodo (m)   იოდი   iodi

curativo (m) adesivo   ლეიკოპლასტირი   leik'op'last'iri
conta-gotas (m)   პიპეტი   p'ip'et'i
termômetro (m)   სიცხის საზომი   sitskhis sazomi
seringa (f)   შპრიცი   shp'ritsi

cadeira (f) de rodas   ეტლი   et'li
muletas (f pl)   ყავარჯნები   qavarjnebi

analgésico (m)   ტკივილგამაყუჩებელი   t'k'ivilgamaquchebeli
laxante (m)   სასაქმებელი   sasakmebeli
álcool (m)   სპირტი   sp'irt'i
ervas (f pl) medicinais   ბალახი   balakhi
de ervas (chá ~)   ბალახისა   balakhisa

APARTAMENTO

68. Apartamento

apartamento (m)	ბინა	bina
quarto, cômodo (m)	ოთახი	otakhi
quarto (m) de dormir	საწოლი ოთახი	sats'oli otakhi
sala (f) de jantar	სასადილო ოთახი	sasadilo otakhi
sala (f) de estar	სასტუმრო ოთახი	sast'umro otakhi
escritório (m)	კაბინეტი	k'abinet'i
sala (f) de entrada	წინა ოთახი	ts'ina otakhi
banheiro (m)	სააბაზანო ოთახი	saabazano otakhi
lavabo (m)	საპირფარეშო	sap'irparesho
teto (m)	ჭერი	ch'eri
chão, piso (m)	იატაკი	iat'ak'i
canto (m)	კუთხე	k'utkhe

69. Mobiliário. Interior

mobiliário (m)	ავეჯი	aveji
mesa (f)	მაგიდა	magida
cadeira (f)	სკამი	sk'ami
cama (f)	საწოლი	sats'oli
sofá, divã (m)	დივანი	divani
poltrona (f)	სავარძელი	savardzeli
estante (f)	კარადა	k'arada
prateleira (f)	თარო	taro
guarda-roupas (m)	კარადა	k'arada
cabide (m) de parede	საკიდი	sak'idi
cabideiro (m) de pé	საკიდი	sak'idi
cômoda (f)	კომოდი	k'omodi
mesinha (f) de centro	ჟურნალების მაგიდა	zhurnalebis magida
espelho (m)	სარკე	sark'e
tapete (m)	ხალიჩა	khalicha
tapete (m) pequeno	პატარა ნოხი	p'at'ara nokhi
lareira (f)	ბუხარი	bukhari
vela (f)	სანთელი	santeli
castiçal (m)	შანდალი	shandali
cortinas (f pl)	ფარდები	pardebi
papel (m) de parede	შპალერი	shp'aleri

persianas (f pl)	ჟალუზი	zhaluzi
luminária (f) de mesa	მაგიდის ლამპა	magidis lamp'a
luminária (f) de parede	ლამპარი	lamp'ari
abajur (m) de pé	ტორშერი	t'orsheri
lustre (m)	ჭაღი	ch'aghi
pé (de mesa, etc.)	ფეხი	pekhi
braço, descanso (m)	საიდაყვე	saidaqve
costas (f pl)	ზურგი	zurgi
gaveta (f)	უჯრა	ujra

70. Quarto de dormir

roupa (f) de cama	თეთრეული	tetreuli
travesseiro (m)	ბალიში	balishi
fronha (f)	ბალიშისპირი	balishisp'iri
cobertor (m)	საბანი	sabani
lençol (m)	ზეწარი	zets'ari
colcha (f)	გადასაფარებელი	gadasaparebeli

71. Cozinha

cozinha (f)	სამზარეულო	samzareulo
gás (m)	აირი	airi
fogão (m) a gás	გაზქურა	gazkura
fogão (m) elétrico	ელექტროქურა	elekt'rokura
forno (m)	ფურნაკი	purnak'i
forno (m) de micro-ondas	მიკროტალღოვანი ღუმელი	mik'rot'alghovani ghumeli
geladeira (f)	მაცივარი	matsivari
congelador (m)	საყინულე	saqinule
máquina (f) de lavar louça	ჭურჭლის სარეცხი მანქანა	ch'urch'lis saretskhi mankana
moedor (m) de carne	ხორცსაკეპი	khortssak'ep'i
espremedor (m)	წვენსაწური	ts'vensats'uri
torradeira (f)	ტოსტერი	t'ost'eri
batedeira (f)	მიქსერი	mikseri
máquina (f) de café	ყავის სახარში	qavis sakharshi
cafeteira (f)	ყავადანი	qavadani
moedor (m) de café	ყავის საფქვავი	qavis sapkvavi
chaleira (f)	ჩაიდანი	chaidani
bule (m)	ჩაიდანი	chaidani
tampa (f)	ხუფი	khupi
coador (m) de chá	საწური	sats'uri
colher (f)	კოვზი	k'ovzi
colher (f) de chá	ჩაის კოვზი	chais k'ovzi
colher (f) de sopa	სადილის კოვზი	sadilis k'ovzi
garfo (m)	ჩანგალი	changali
faca (f)	დანა	dana

louça (f)	ჭურჭელი	ch'urch'eli
prato (m)	თეფში	tepshi
pires (m)	ლამბაქი	lambaki
cálice (m)	სირჩა	sircha
copo (m)	ჭიქა	ch'ika
xícara (f)	ფინჯანი	pinjani
açucareiro (m)	საშაქრე	sashakre
saleiro (m)	სამარილე	samarile
pimenteiro (m)	საპილპილე	sap'ilp'ile
manteigueira (f)	საკარაქე	sak'arake
panela (f)	ქვაბი	kvabi
frigideira (f)	ტაფა	t'apa
concha (f)	ჩამჩა	chamcha
coador (m)	თუშფალანგი	tushpalangi
bandeja (f)	ლანგარი	langari
garrafa (f)	ბოთლი	botli
pote (m) de vidro	ქილა	kila
lata (~ de cerveja)	ქილა	kila
abridor (m) de garrafa	გასახსნელი	gasakhsneli
abridor (m) de latas	გასახსნელი	gasakhsneli
saca-rolhas (m)	შტოპორი	sht'op'ori
filtro (m)	ფილტრი	pilt'ri
filtrar (vt)	ფილტვრა	pilt'vra
lixo (m)	ნაგავი	nagavi
lixeira (f)	სანაგვე ვედრო	sanagve vedro

72. Casa de banho

banheiro (m)	სააბაზანო ოთახი	saabazano otakhi
água (f)	წყალი	ts'qali
torneira (f)	ონკანი	onk'ani
água (f) quente	ცხელი წყალი	tskheli ts'qali
água (f) fria	ცივი წყალი	tsivi ts'qali
pasta (f) de dente	კბილის პასტა	k'bilis p'ast'a
escovar os dentes	კბილების წმენდა	k'bilebis ts'menda
barbear-se (vr)	პარსვა	p'arsva
espuma (f) de barbear	საპარსი ქაფი	sap'arsi kapi
gilete (f)	სამართებელი	samartebeli
lavar (vt)	რეცხვა	retskhva
tomar banho	დაბანა	dabana
chuveiro (m), ducha (f)	შხაპი	shkhap'i
tomar uma ducha	შხაპის მიღება	shkhap'is migheba
banheira (f)	აბაზანა	abazana
vaso (m) sanitário	უნიტაზი	unit'azi

pia (f)	ნიჟარა	nizhara
sabonete (m)	საპონი	sap'oni
saboneteira (f)	სასაპნე	sasap'ne
esponja (f)	ღრუბელი	ghrubeli
xampu (m)	შამპუნი	shamp'uni
toalha (f)	პირსახოცი	p'irsakhotsi
roupão (m) de banho	ხალათი	khalati
lavagem (f)	რეცხვა	retskhva
lavadora (f) de roupas	სარეცხი მანქანა	saretskhi mankana
lavar a roupa	თეთრეულის რეცვხა	tetreulis retsvkha
detergente (m)	სარეცხი ფხვნილი	saretskhi pkhvnili

73. Eletrodomésticos

televisor (m)	ტელევიზორი	t'elevizori
gravador (m)	მაგნიტოფონი	magnit'oponi
videogravador (m)	ვიდეომაგნიტოფონი	videomagnit'oponi
rádio (m)	მიმღები	mimghebi
leitor (m)	ფლეერი	pleeri
projetor (m)	ვიდეოპროექტორი	videop'roekt'ori
cinema (m) em casa	სახლის კინოთეატრი	sakhlis k'inoteat'ri
DVD Player (m)	DVD-საკრავი	DVD-sak'ravi
amplificador (m)	გამაძლიერებელი	gamadzlierebeli
console (f) de jogos	სათამაშო მისადგამი	satamasho misadgami
câmera (f) de vídeo	ვიდეოკამერა	videok'amera
máquina (f) fotográfica	ფოტოაპარატი	pot'oap'arat'i
câmera (f) digital	ციფრული ფოტოაპარატი	tsipruli pot'oap'arat'i
aspirador (m)	მტვერსასრუტი	mt'versasrut'i
ferro (m) de passar	უთო	uto
tábua (f) de passar	საუთოებელი დაფა	sautoebeli dapa
telefone (m)	ტელეფონი	t'eleponi
celular (m)	მობილური ტელეფონი	mobiluri t'eleponi
máquina (f) de escrever	მანქანა	mankana
máquina (f) de costura	მანქანა	mankana
microfone (m)	მიკროფონი	mik'roponi
fone (m) de ouvido	საყურისი	saqurisi
controle remoto (m)	პულტი	p'ult'i
CD (m)	CD-დისკი	CD-disk'i
fita (f) cassete	კასეტი	k'aset'i
disco (m) de vinil	ფირფიტა	pirpit'a

A TERRA. TEMPO

74. Espaço sideral

espaço, cosmo (m)	კოსმოსი	k'osmosi
espacial, cósmico (adj)	კოსმოსური	k'osmosuri
espaço (m) cósmico	კოსმოსური სივრცე	k'osmosuri sivrtse
mundo (m)	მსოფლიო	msoplio
universo (m)	სამყარო	samqaro
galáxia (f)	გალაქტიკა	galakt'ik'a
estrela (f)	ვარსკვლავი	varsk'vlavi
constelação (f)	თანავარსკვლავედი	tanavarsk'vlavedi
planeta (m)	პლანეტა	p'lanet'a
satélite (m)	თანამგზავრი	tanamgzavri
meteorito (m)	მეტეორიტი	met'eorit'i
cometa (m)	კომეტა	k'omet'a
asteroide (m)	ასტეროიდი	ast'eroidi
órbita (f)	ორბიტა	orbit'a
girar (vi)	ბრუნვა	brunva
atmosfera (f)	ატმოსფერო	at'mospero
Sol (m)	მზე	mze
Sistema (m) Solar	მზის სისტემა	mzis sist'ema
eclipse (m) solar	მზის დაბნელება	mzis dabneleba
Terra (f)	დედამიწა	dedamits'a
Lua (f)	მთვარე	mtvare
Marte (m)	მარსი	marsi
Vênus (f)	ვენერა	venera
Júpiter (m)	იუპიტერი	iup'it'eri
Saturno (m)	სატურნი	sat'urni
Mercúrio (m)	მერკური	merk'uri
Urano (m)	ურანი	urani
Netuno (m)	ნეპტუნი	nep't'uni
Plutão (m)	პლუტონი	p'lut'oni
Via Láctea (f)	ირმის ნახტომი	irmis nakht'omi
Ursa Maior (f)	დიდი დათვი	didi datvi
Estrela Polar (f)	პოლარული ვარსკვლავი	p'olaruli varsk'vlavi
marciano (m)	მარსიელი	marsieli
extraterrestre (m)	უცხოპლანეტელი	utskhop'lanet'eli
alienígena (m)	სხვა სამყაროდან ჩამოსული	skhva samqarodan chamosuli

disco (m) voador	მფრინავი თეფში	mprinavi tepshi
espaçonave (f)	კოსმოსური ხომალდი	k'osmosuri khomaldi
estação (f) orbital	ორბიტალური სადგური	orbit'aluri sadguri
lançamento (m)	სტარტი	st'art'i
motor (m)	ძრავა	dzrava
bocal (m)	საქშენი	saksheni
combustível (m)	საწვავი	sats'vavi
cabine (f)	კაბინა	k'abina
antena (f)	ანტენა	ant'ena
vigia (f)	ილუმინატორი	iluminat'ori
bateria (f) solar	მზის ბატარეა	mzis bat'area
traje (m) espacial	სკაფანდრი	sk'apandri
imponderabilidade (f)	უწონადობა	uts'onadoba
oxigênio (m)	ჟანგბადი	zhangbadi
acoplagem (f)	შეერთება	sheerteba
fazer uma acoplagem	შეერთების წარმოება	sheertebis ts'armoeba
observatório (m)	ობსერვატორია	observat'oria
telescópio (m)	ტელესკოპი	t'elesk'op'i
observar (vt)	დაკვირვება	dak'virveba
explorar (vt)	გამოკვლევა	gamok'vleva

75. A Terra

Terra (f)	დედამიწა	dedamits'a
globo terrestre (Terra)	დედამიწის სფერო	dedamits'is spero
planeta (m)	პლანეტა	p'lanet'a
atmosfera (f)	ატმოსფერო	at'mospero
geografia (f)	გეოგრაფია	geograpia
natureza (f)	ბუნება	buneba
globo (mapa esférico)	გლობუსი	globusi
mapa (m)	რუქა	ruka
atlas (m)	ატლასი	at'lasi
Europa (f)	ევროპა	evrop'a
Ásia (f)	აზია	azia
África (f)	აფრიკა	aprik'a
Austrália (f)	ავსტრალია	avst'ralia
América (f)	ამერიკა	amerik'a
América (f) do Norte	ჩრდილოეთ ამერიკა	chrdiloet amerik'a
América (f) do Sul	სამხრეთ ამერიკა	samkhret amerik'a
Antártida (f)	ანტარქტიდა	ant'arkt'ida
Ártico (m)	არქტიკა	arkt'ik'a

76. Pontos cardeais

norte (m)	ჩრდილოეთი	chrdiloeti
para norte	ჩრდილოეთისკენ	chrdiloetisk'en
no norte	ჩრდილოეთში	chrdiloetshi
do norte (adj)	ჩრდილოეთის	chrdiloetis
sul (m)	სამხრეთი	samkhreti
para sul	სამხრეთისკენ	samkhretisk'en
no sul	სამხრეთში	samkhretshi
do sul (adj)	სამხრეთის	samkhretis
oeste, ocidente (m)	დასავლეთი	dasavleti
para oeste	დასავლეთისკენ	dasavletisk'en
no oeste	დასავლეთში	dasavletshi
ocidental (adj)	დასავლეთის	dasavletis
leste, oriente (m)	აღმოსავლეთი	aghmosavleti
para leste	აღმოსავლეთისკენ	aghmosavletisk'en
no leste	აღმოსავლეთში	aghmosavletshi
oriental (adj)	აღმოსავლეთის	aghmosavletis

77. Mar. Oceano

mar (m)	ზღვა	zghva
oceano (m)	ოკეანე	ok'eane
golfo (m)	ყურე	qure
estreito (m)	სრუტე	srut'e
continente (m)	მატერიკი	mat'erik'i
ilha (f)	კუნძული	k'undzuli
península (f)	ნახევარკუნძული	nakhevark'undzuli
arquipélago (m)	არქიპელაგი	arkip'elagi
baía (f)	ყურე	qure
porto (m)	ნავსადგური	navsadguri
lagoa (f)	ლაგუნა	laguna
cabo (m)	კონცხი	k'ontskhi
atol (m)	ატოლი	at'oli
recife (m)	რიფი	ripi
coral (m)	მარჯანი	marjani
recife (m) de coral	მარჯნის რიფი	marjnis ripi
profundo (adj)	ღრმა	ghrma
profundidade (f)	სიღრმე	sighrme
abismo (m)	უფსკრული	upsk'ruli
fossa (f) oceânica	ღრმული	ghrmuli
corrente (f)	დინება	dineba
banhar (vt)	გაბანა	gabana
litoral (m)	ნაპირი	nap'iri
costa (f)	სანაპირო	sanap'iro

maré (f) alta	მოქცევა	moktseva
refluxo (m)	მიქცევა	miktseva
restinga (f)	მეჩეჩი	mechechi
fundo (m)	ფსკერი	psk'eri

onda (f)	ტალღა	t'algha
crista (f) da onda	ტალღის ქოჩორი	t'alghis kochori
espuma (f)	ქაფი	kapi

tempestade (f)	ქარიშხალი	karishkhali
furacão (m)	გრიგალი	grigali
tsunami (m)	ცუნამი	tsunami
calmaria (f)	მყუდროება	mqudroeba
calmo (adj)	წყნარი	ts'qnari

| polo (m) | პოლუსი | p'olusi |
| polar (adj) | პოლარული | p'olaruli |

latitude (f)	განედი	ganedi
longitude (f)	გრძედი	grdzedi
paralela (f)	პარალელი	p'araleli
equador (m)	ეკვატორი	ek'vat'ori

céu (m)	ცა	tsa
horizonte (m)	ჰორიზონტი	horizont'i
ar (m)	ჰაერი	haeri

farol (m)	შუქურა	shukura
mergulhar (vi)	ყვინთვა	qvintva
afundar-se (vr)	ჩაძირვა	chadzirva
tesouros (m pl)	განძი	gandzi

78. Nomes de Mares e Oceanos

Oceano (m) Atlântico	ატლანტის ოკეანე	at'lant'is ok'eane
Oceano (m) Índico	ინდოეთის ოკეანე	indoetis ok'eane
Oceano (m) Pacífico	წყნარი ოკეანე	ts'qnari ok'eane
Oceano (m) Ártico	ჩრდილოეთის ყინულოვანი ოკეანე	chrdiloetis qinulovani ok'eane

Mar (m) Negro	შავი ზღვა	shavi zghva
Mar (m) Vermelho	წითელი ზღვა	ts'iteli zghva
Mar (m) Amarelo	ყვითელი ზღვა	qviteli zghva
Mar (m) Branco	თეთრი ზღვა	tetri zghva

Mar (m) Cáspio	კასპიის ზღვა	k'asp'iis zghva
Mar (m) Morto	მკვდარი ზღვა	mk'vdari zghva
Mar (m) Mediterrâneo	ხმელთაშუა ზღვა	khmeltashua zghva

| Mar (m) Egeu | ეგეოსის ზღვა | egeosis zghva |
| Mar (m) Adriático | ადრიატიკის ზღვა | adriat'ik'is zghva |

| Mar (m) Arábico | არავიის ზღვა | araviis zghva |
| Mar (m) do Japão | იაპონიის ზღვა | iap'oniis zghva |

Mar (m) de Bering	ბერინგის ზღვა	beringis zghva
Mar (m) da China Meridional	სამხრეთ-ჩინეთის ზღვა	samkhret-chinetis zghva
Mar (m) de Coral	მარჯნის ზღვა	marjnis zghva
Mar (m) de Tasman	ტასმანიის ზღვა	t'asmaniis zghva
Mar (m) do Caribe	კარიბის ზღვა	k'aribis zghva
Mar (m) de Barents	ბარენცის ზღვა	barentsis zghva
Mar (m) de Kara	კარსის ზღვა	k'arsis zghva
Mar (m) do Norte	ჩრდილოეთის ზღვა	chrdiloetis zghva
Mar (m) Báltico	ბალტიის ზღვა	balt'iis zghva
Mar (m) da Noruega	ნორვეგიის ზღვა	norvegiis zghva

79. Montanhas

montanha (f)	მთა	mta
cordilheira (f)	მთების ჯაჭვი	mtebis jach'vi
serra (f)	მთის ქედი	mtis kedi
cume (m)	მწვერვალი	mts'vervali
pico (m)	პიკი	p'ik'i
pé (m)	მთის ძირი	mtis dziri
declive (m)	ფერდობი	perdobi
vulcão (m)	ვულკანი	vulk'ani
vulcão (m) ativo	მოქმედი ვულკანი	mokmedi vulk'ani
vulcão (m) extinto	ჩამქრალი ვულკანი	chamkrali vulk'ani
erupção (f)	ამოფრქვევა	amoprkveva
cratera (f)	კრატერი	k'rat'eri
magma (m)	მაგმა	magma
lava (f)	ლავა	lava
fundido (lava ~a)	გავარვარებული	gavarvarebuli
cânion, desfiladeiro (m)	კანიონი	k'anioni
garganta (f)	ხეობა	kheoba
fenda (f)	ნაპრალი	nap'rali
passo, colo (m)	უღელტეხილი	ughelt'ekhili
planalto (m)	პლატო	p'lat'o
falésia (f)	კლდე	k'lde
colina (f)	ბორცვი	bortsvi
geleira (f)	მყინვარი	mqinvari
cachoeira (f)	ჩანჩქერი	chanchkeri
gêiser (m)	გეიზერი	geizeri
lago (m)	ტბა	t'ba
planície (f)	ვაკე	vak'e
paisagem (f)	პეიზაჟი	p'eizazhi
eco (m)	ექო	eko
alpinista (m)	ალპინისტი	alp'inist'i
escalador (m)	მთასვლელი	mtasvleli

| conquistar (vt) | დაპყრობა | dap'qroba |
| subida, escalada (f) | ასვლა | asvla |

80. Nomes de montanhas

Alpes (m pl)	ალპები	alp'ebi
Monte Branco (m)	მონბლანი	monblani
Pirineus (m pl)	პირენეები	p'ireneebi

Cárpatos (m pl)	კარპატები	k'arp'at'ebi
Urais (m pl)	ურალის მთები	uralis mtebi
Cáucaso (m)	კავკასია	k'avk'asia
Elbrus (m)	იალბუზი	ialbuzi

Altai (m)	ალტაი	alt'ai
Tian Shan (m)	ტიან-შანი	t'ian-shani
Pamir (m)	პამირი	p'amiri
Himalaia (m)	ჰიმალაი	himalai
monte Everest (m)	ევერესტი	everest'i

| Cordilheira (f) dos Andes | ანდები | andebi |
| Kilimanjaro (m) | კილიმანჯარო | k'ilimanjaro |

81. Rios

rio (m)	მდინარე	mdinare
fonte, nascente (f)	წყარო	ts'qaro
leito (m) de rio	კალაპოტი	k'alap'ot'i
bacia (f)	აუზი	auzi
desaguar no ...	ჩადინება	chadineba

| afluente (m) | შენაკადი | shenak'adi |
| margem (do rio) | ნაპირი | nap'iri |

corrente (f)	დინება	dineba
rio abaixo	დინების ქვემოთ	dinebis kvemot
rio acima	დინების ზემოთ	dinebis zemot

inundação (f)	წყალდიდობა	ts'qaldidoba
cheia (f)	წყალდიდობა	ts'qaldidoba
transbordar (vi)	გადმოსვლა	gadmosvla
inundar (vt)	დატბორვა	dat'borva

| banco (m) de areia | თავთხელი | tavtkheli |
| corredeira (f) | ზღურბლი | zghurbli |

barragem (f)	კაშხალი	k'ashkhali
canal (m)	არხი	arkhi
reservatório (m) de água	წყალსაცავი	ts'qalsatsavi
eclusa (f)	რაბი	rabi
corpo (m) de água	წყალსატევი	ts'qalsat'evi
pântano (m)	ჭაობი	ch'aobi

| lamaçal (m) | ჭანჭრობი | ch'anch'robi |
| redemoinho (m) | მორევი | morevi |

riacho (m)	ნაკადული	nak'aduli
potável (adj)	სასმელი	sasmeli
doce (água)	მტკნარი	mt'k'nari

| gelo (m) | ყინული | qinuli |
| congelar-se (vr) | გაყინვა | gaqinva |

82. Nomes de rios

| rio Sena (m) | სენა | sena |
| rio Loire (m) | ლუარა | luara |

rio Tâmisa (m)	ტემზა	t'emza
rio Reno (m)	რეინი	reini
rio Danúbio (m)	დუნაი	dunai

rio Volga (m)	ვოლგა	volga
rio Don (m)	დონი	doni
rio Lena (m)	ლენა	lena

rio Amarelo (m)	ხუანხე	khuankhe
rio Yangtzé (m)	იანძი	iandzi
rio Mekong (m)	მეკონგი	mek'ongi
rio Ganges (m)	განგი	gangi

rio Nilo (m)	ნილოსი	nilosi
rio Congo (m)	კონგო	k'ongo
rio Cubango (m)	ოკავანგო	ok'avango
rio Zambeze (m)	ზამბეზი	zambezi
rio Limpopo (m)	ლიმპოპო	limp'op'o
rio Mississippi (m)	მისისიპი	misisip'i

83. Floresta

| floresta (f), bosque (m) | ტყე | t'qe |
| florestal (adj) | ტყის | t'qis |

mata (f) fechada	ტევრი	t'evri
arvoredo (m)	ჭალა	ch'ala
clareira (f)	მინდორი	mindori

| matagal (m) | ბარდები | bardebi |
| mato (m), caatinga (f) | ბუჩქნარი | buchknari |

| pequena trilha (f) | ბილიკი | bilik'i |
| ravina (f) | ხევი | khevi |

| árvore (f) | ხე | khe |
| folha (f) | ფოთოლი | potoli |

folhagem (f)	ფოთლეული	potleuli
queda (f) das folhas	ფოთოლცვენა	potoltsvena
cair (vi)	ცვენა	tsvena
topo (m)	კენწერო	k'ents'ero
ramo (m)	ტოტი	t'ot'i
galho (m)	ნუჟრი	nuzhri
botão (m)	კვირტი	k'virt'i
agulha (f)	წიწვი	ts'its'vi
pinha (f)	გირჩი	girchi
buraco (m) de árvore	ფუღურო	pughuro
ninho (m)	ბუდე	bude
toca (f)	სორო	soro
tronco (m)	ტანი	t'ani
raiz (f)	ფესვი	pesvi
casca (f) de árvore	ქერქი	kerki
musgo (m)	ხავსი	khavsi
arrancar pela raiz	ამოძირკვა	amodzirk'va
cortar (vt)	მოჭრა	moch'ra
desflorestar (vt)	გაჩეხვა	gachekhva
toco, cepo (m)	კუნძი	k'undzi
fogueira (f)	კოცონი	k'otsoni
incêndio (m) florestal	ხანძარი	khandzari
apagar (vt)	ჩაქრობა	chakroba
guarda-parque (m)	მეტყევე	met'qeve
proteção (f)	დაცვა	datsva
proteger (a natureza)	დაცვა	datsva
caçador (m) furtivo	ბრაკონიერი	brak'onieri
armadilha (f)	ხაფანგი	khapangi
colher (cogumelos, bagas)	კრეფა	k'repa
perder-se (vr)	გზის დაბნევა	gzis dabneva

84. Recursos naturais

recursos (m pl) naturais	ბუნებრივი რესურსები	bunebrivi resursebi
minerais (m pl)	სასარგებლო წიაღისეული	sasargeblo ts'iaghiseuli
depósitos (m pl)	საბადო	sabado
jazida (f)	საბადო	sabado
extrair (vt)	მოპოვება	mop'oveba
extração (f)	მოპოვება	mop'oveba
minério (m)	მადანი	madani
mina (f)	მადნეული	madneuli
poço (m) de mina	შახტი	shakht'i
mineiro (m)	მეშახტე	meshakht'e
gás (m)	გაზი	gazi
gasoduto (m)	გაზსადენი	gazsadeni

petróleo (m)	ნავთობი	navtobi
oleoduto (m)	ნავთობსადენი	navtobsadeni
poço (m) de petróleo	ნავთობის კოშკურა	navtobis k'oshk'ura
torre (f) petrolífera	საბურღი კოშკურა	saburghi k'oshk'ura
petroleiro (m)	ტანკერი	t'ank'eri
areia (f)	ქვიშა	kvisha
calcário (m)	კირქვა	k'irkva
cascalho (m)	ხრეში	khreshi
turfa (f)	ტორფი	t'orpi
argila (f)	თიხა	tikha
carvão (m)	ქვანახშირი	kvanakhshiri
ferro (m)	რკინა	rk'ina
ouro (m)	ოქრო	okro
prata (f)	ვერცხლი	vertskhli
níquel (m)	ნიკელი	nik'eli
cobre (m)	სპილენძი	sp'ilendzi
zinco (m)	თუთია	tutia
manganês (m)	მარგანეცი	marganetsi
mercúrio (m)	ვერცხლისწყალი	vertskhlists'qali
chumbo (m)	ტყვია	t'qvia
mineral (m)	მინერალი	minerali
cristal (m)	კრისტალი	k'rist'ali
mármore (m)	მარმარილო	marmarilo
urânio (m)	ურანი	urani

85. Tempo

tempo (m)	ამინდი	amindi
previsão (f) do tempo	ამინდის პროგნოზი	amindis p'rognozi
temperatura (f)	ტემპერატურა	t'emp'erat'ura
termômetro (m)	თერმომეტრი	termomet'ri
barômetro (m)	ბარომეტრი	baromet'ri
umidade (f)	ტენიანობა	t'enianoba
calor (m)	სიცხე	sitskhe
tórrido (adj)	ცხელი	tskheli
está muito calor	ცხელი	tskheli
está calor	თბილა	tbila
quente (morno)	თბილი	tbili
está frio	სიცივე	sitsive
frio (adj)	ცივი	tsivi
sol (m)	მზე	mze
brilhar (vi)	ანათებს	anatebs
de sol, ensolarado	მზიანი	mziani
nascer (vi)	ამოსვლა	amosvla
pôr-se (vr)	ჩასვლა	chasvla
nuvem (f)	ღრუბელი	ghrubeli

nublado (adj)	ღრუბლიანი	ghrubliani
nuvem (f) preta	ღრუბელი	ghrubeli
escuro, cinzento (adj)	მოღრუბლული	moghrubluli
chuva (f)	წვიმა	ts'vima
está a chover	წვიმა მოდის	ts'vima modis
chuvoso (adj)	წვიმიანი	ts'vimiani
chuviscar (vi)	ჟინჟღვლა	zhinzhghvla
chuva (f) torrencial	კოკისპირული	k'ok'isp'iruli
aguaceiro (m)	თავსხმა	tavskhma
forte (chuva, etc.)	ძლიერი	dzlieri
poça (f)	გუბე	gube
molhar-se (vr)	დასველება	dasveleba
nevoeiro (m)	ნისლი	nisli
de nevoeiro	ნისლიანი	nisliani
neve (f)	თოვლი	tovli
está nevando	თოვლი მოდის	tovli modis

86. Tempo extremo. Catástrofes naturais

trovoada (f)	ჭექა	ch'eka
relâmpago (m)	მეხი	mekhi
relampejar (vi)	ელვარება	elvareba
trovão (m)	ქუხილი	kukhili
trovejar (vi)	ქუხილი	kukhili
está trovejando	ქუხს	kukhs
granizo (m)	სეტყვა	set'qva
está caindo granizo	სეტყვა მოდის	set'qva modis
inundar (vt)	წალეკვა	ts'alek'va
inundação (f)	წყალდიდობა	ts'qaldidoba
terremoto (m)	მიწისძვრა	mits'isdzvra
abalo, tremor (m)	ბიძგი	bidzgi
epicentro (m)	ეპიცენტრი	ep'itsent'ri
erupção (f)	ამოფრქვევა	amoprkveva
lava (f)	ლავა	lava
tornado (m)	გრიგალი	grigali
tornado (m)	ტორნადო	t'ornado
tufão (m)	ტაიფუნი	t'aipuni
furacão (m)	გრიგალი	grigali
tempestade (f)	ქარიშხალი	karishkhali
tsunami (m)	ცუნამი	tsunami
ciclone (m)	ციკლონი	tsik'loni
mau tempo (m)	უამინდობა	uamindoba
incêndio (m)	ხანძარი	khandzari

| catástrofe (f) | კატასტროფა | k'at'ast'ropa |
| meteorito (m) | მეტეორიტი | met'eorit'i |

avalanche (f)	ზვავი	zvavi
deslizamento (m) de neve	ჩამოქცევა	chamoktseva
nevasca (f)	ქარბუქი	karbuki
tempestade (f) de neve	ბუქი	buki

FAUNA

87. Mamíferos. Predadores

predador (m)	მტაცებელი	mt'atsebeli
tigre (m)	ვეფხვი	vepkhvi
leão (m)	ლომი	lomi
lobo (m)	მგელი	mgeli
raposa (f)	მელა	mela
jaguar (m)	იაგუარი	iaguari
leopardo (m)	ლეოპარდი	leop'ardi
chita (f)	გეპარდი	gep'ardi
pantera (f)	ავაზა	avaza
puma (m)	პუმა	p'uma
leopardo-das-neves (m)	თოვლის ჯიქი	tovlis jiki
lince (m)	ფოცხვერი	potskhveri
coiote (m)	კოიოტი	k'oiot'i
chacal (m)	ტურა	t'ura
hiena (f)	გიენა	giena

88. Animais selvagens

animal (m)	ცხოველი	tskhoveli
besta (f)	მხეცი	mkhetsi
esquilo (m)	ციყვი	tsiqvi
ouriço (m)	ზღარბი	zgharbi
lebre (f)	კურდღელი	k'urdgheli
coelho (m)	ბოცვერი	botsveri
texugo (m)	მაჩვი	machvi
guaxinim (m)	ენოტი	enot'i
hamster (m)	ზაზუნა	zazuna
marmota (f)	ზაზუნა	zazuna
toupeira (f)	თხუნელა	tkhunela
rato (m)	თაგვი	tagvi
ratazana (f)	ვირთხა	virtkha
morcego (m)	ღამურა	ghamura
arminho (m)	ყარყუმი	qarqumi
zibelina (f)	სიასამური	siasamuri
marta (f)	კვერნა	k'verna
doninha (f)	სინდიოფალა	sindiopala
visom (m)	წაულა	ts'aula

| castor (m) | თახვი | takhvi |
| lontra (f) | წავი | ts'avi |

cavalo (m)	ცხენი	tskheni
alce (m)	ცხენ-ირემი	tskhen-iremi
veado (m)	ირემი	iremi
camelo (m)	აქლემი	aklemi

bisão (m)	ბიზონი	bizoni
auroque (m)	დომბა	domba
búfalo (m)	კამეჩი	k'amechi

zebra (f)	ზებრა	zebra
antílope (m)	ანტილოპა	ant'ilop'a
corça (f)	შველი	shveli
gamo (m)	ფურ-ირემი	pur-iremi
camurça (f)	ქურციკი	kurtsik'i
javali (m)	ტახი	t'akhi

baleia (f)	ვეშაპი	veshap'i
foca (f)	სელაპი	selap'i
morsa (f)	ლომვეშაპი	lomveshap'i
urso-marinho (m)	ზღვის კატა	zghvis k'at'a
golfinho (m)	დელფინი	delpini

urso (m)	დათვი	datvi
urso (m) polar	თეთრი დათვი	tetri datvi
panda (m)	პანდა	p'anda

macaco (m)	მაიმუნი	maimuni
chimpanzé (m)	შიმპანზე	shimp'anze
orangotango (m)	ორანგუტანი	orangut'ani
gorila (m)	გორილა	gorila
macaco (m)	მაკაკა	mak'ak'a
gibão (m)	გიბონი	giboni

elefante (m)	სპილო	sp'ilo
rinoceronte (m)	მარტორქა	mart'orka
girafa (f)	ჟირაფი	zhirapi
hipopótamo (m)	ბეჰემოთი	behemoti

| canguru (m) | კენგურუ | k'enguru |
| coala (m) | კოალა | k'oala |

mangusto (m)	მანგუსტი	mangust'i
chinchila (f)	შინშილა	shinshila
cangambá (f)	თრითინა	tritina
porco-espinho (m)	მაჩვზღარბა	machvzgharba

89. Animais domésticos

gata (f)	კატა	k'at'a
gato (m) macho	ხვადი კატა	khvadi k'at'a
cavalo (m)	ცხენი	tskheni

| garanhão (m) | ულაყი | ulaqi |
| égua (f) | ფაშატი | pashat'i |

vaca (f)	ძროხა	dzrokha
touro (m)	ხარი	khari
boi (m)	ხარი	khari

ovelha (f)	დედალი ცხვარი	dedali tskhvari
carneiro (m)	ცხვარი	tskhvari
cabra (f)	თხა	tkha
bode (m)	ვაცი	vatsi

| burro (m) | ვირი | viri |
| mula (f) | ჯორი | jori |

porco (m)	ღორი	ghori
leitão (m)	გოჭი	goch'i
coelho (m)	ბოცვერი	botsveri

| galinha (f) | ქათამი | katami |
| galo (m) | მამალი | mamali |

pata (f), pato (m)	იხვი	ikhvi
pato (m)	მამალი იხვი	mamali ikhvi
ganso (m)	ბატი	bat'i

| peru (m) | ინდაური | indauri |
| perua (f) | დედალი ინდაური | dedali indauri |

animais (m pl) domésticos	შინაური ცხოველები	shinauri tskhovelebi
domesticado (adj)	მოშინაურებული	moshinaurebuli
domesticar (vt)	მოშინაურება	moshinaureba
criar (vt)	გამოზრდა	gamozrda

fazenda (f)	ფერმა	perma
aves (f pl) domésticas	შინაური ფრინველი	shinauri prinveli
gado (m)	საქონელი	sakoneli
rebanho (m), manada (f)	ჯოგი	jogi

estábulo (m)	თავლა	tavla
chiqueiro (m)	საღორე	saghore
estábulo (m)	ბოსელი	boseli
coelheira (f)	საკურდღლე	sak'urdghle
galinheiro (m)	საქათმე	sakatme

90. Pássaros

pássaro (m), ave (f)	ფრინველი	prinveli
pombo (m)	მტრედი	mt'redi
pardal (m)	ბეღურა	beghura
chapim-real (m)	წიწკანა	ts'its'k'ana
pega-rabuda (f)	კაჭკაჭი	k'ach'k'ach'i
corvo (m)	ყვავი	qvavi
gralha-cinzenta (f)	ყვავი	qvavi

gralha-de-nuca-cinzenta (f)	ჭკა	ch'k'a
gralha-calva (f)	ჭილყვავი	ch'ilqvavi
pato (m)	იხვი	ikhvi
ganso (m)	ბატი	bat'i
faisão (m)	ხოხობი	khokhobi
águia (f)	არწივი	arts'ivi
açor (m)	ქორი	kori
falcão (m)	შევარდენი	shevardeni
abutre (m)	ორბი	orbi
condor (m)	კონდორი	k'ondori
cisne (m)	გედი	gedi
grou (m)	წერო	ts'ero
cegonha (f)	ყარყატი	qarqat'i
papagaio (m)	თუთიყუში	tutiqushi
beija-flor (m)	კოლიბრი	k'olibri
pavão (m)	ფარშევანგი	parshevangi
avestruz (m)	სირაქლემა	siraklema
garça (f)	ყანჩა	qancha
flamingo (m)	ფლამინგო	plamingo
pelicano (m)	ვარხვი	varkhvi
rouxinol (m)	ბულბული	bulbuli
andorinha (f)	მერცხალი	mertskhali
tordo-zornal (m)	შაშვი	shashvi
tordo-músico (m)	შაშვი მგალობელი	shashvi mgalobeli
melro-preto (m)	შავი შაშვი	shavi shashvi
andorinhão (m)	ნამგალა	namgala
cotovia (f)	ტოროლა	t'orola
codorna (f)	მწყერი	mts'qeri
pica-pau (m)	კოდალა	k'odala
cuco (m)	გუგული	guguli
coruja (f)	ბუ	bu
bufo-real (m)	ჭოტი	ch'ot'i
tetraz-grande (m)	ყრუანჩელა	qruanchela
tetraz-lira (m)	როჭო	roch'o
perdiz-cinzenta (f)	კაკაბი	k'ak'abi
estorninho (m)	შოშია	shoshia
canário (m)	იადონი	iadoni
galinha-do-mato (f)	გნოლქათამა	gnolkatama
tentilhão (m)	სკვინჩა	sk'vincha
dom-fafe (m)	სტვენია	st'venia
gaivota (f)	თოლია	tolia
albatroz (m)	ალბატროსი	albat'rosi
pinguim (m)	პინგვინი	p'ingvini

91. Peixes. Animais marinhos

brema (f)	კაპარჭინა	k'ap'arch'ina
carpa (f)	კობრი	k'obri
perca (f)	ქორჭილა	korch'ila
siluro (m)	ლოქო	loko
lúcio (m)	ქარიყლაპია	kariqlap'ia
salmão (m)	ორაგული	oraguli
esturjão (m)	თართი	tarti
arenque (m)	ქაშაყი	kashaqi
salmão (m) do Atlântico	გოჯი	goji
cavala, sarda (f)	სკუმბრია	sk'umbria
solha (f), linguado (m)	კამბალა	k'ambala
lúcio perca (m)	ფარგა	parga
bacalhau (m)	ვირთევზა	virtevza
atum (m)	თინუსი	tinusi
truta (f)	კალმახი	k'almakhi
enguia (f)	გველთევზა	gveltevza
raia (f) elétrica	ელექტრული სკაროსი	elekt'ruli sk'arosi
moreia (f)	მურენა	murena
piranha (f)	პირანია	p'irania
tubarão (m)	ზვიგენი	zvigeni
golfinho (m)	დელფინი	delpini
baleia (f)	ვეშაპი	veshap'i
caranguejo (m)	კიბორჩხალა	k'iborchkhala
água-viva (f)	მედუზა	meduza
polvo (m)	რვაფეხა	rvapekha
estrela-do-mar (f)	ზღვის ვარსკვლავი	zghvis varsk'vlavi
ouriço-do-mar (m)	ზღვის ზღარბი	zghvis zgharbi
cavalo-marinho (m)	ცხენთევზა	tskhentevza
ostra (f)	ხამანწკა	khamants'k'a
camarão (m)	კრევეტი	k'revet'i
lagosta (f)	ასთაკვი	astak'vi
lagosta (f)	ლანგუსტი	langust'i

92. Anfíbios. Répteis

cobra (f)	გველი	gveli
venenoso (adj)	შხამიანი	shkhamiani
víbora (f)	გველგესლა	gvelgesla
naja (f)	კობრა	k'obra
píton (m)	პითონი	p'itoni
jiboia (f)	მახრჩობელა გველი	makhrchobela gveli
cobra-de-água (f)	ანკარა	ank'ara

| cascavel (f) | ჩხრიალა გველი | chkhriala gveli |
| anaconda (f) | ანაკონდა | anak'onda |

lagarto (m)	ხვლიკი	khvlik'i
iguana (f)	იგუანა	iguana
varano (m)	ვარანი	varani
salamandra (f)	სალამანდრა	salamandra
camaleão (m)	ქამელეონი	kameleoni
escorpião (m)	მორიელი	morieli

tartaruga (f)	კუ	k'u
rã (f)	ბაყაყი	baqaqi
sapo (m)	გომბეშო	gombesho
crocodilo (m)	ნიანგი	niangi

93. Insetos

inseto (m)	მწერი	mts'eri
borboleta (f)	პეპელა	p'ep'ela
formiga (f)	ჭიანჭველა	ch'ianch'vela
mosca (f)	ბუზი	buzi
mosquito (m)	კოღო	k'ogho
escaravelho (m)	ხოჭო	khoch'o

vespa (f)	ბზიკი	bzik'i
abelha (f)	ფუტკარი	put'k'ari
mamangaba (f)	კელა	k'ela
moscardo (m)	კრაზანა	k'razana

| aranha (f) | ობობა | oboba |
| teia (f) de aranha | აბლაბუდა | ablabuda |

libélula (f)	ჭრიჭინა	ch'rich'ina
gafanhoto (m)	კალია	k'alia
traça (f)	ფარვანა	parvana

barata (f)	აბანოს ჭია	abanos ch'ia
carrapato (m)	ტკიპა	t'k'ip'a
pulga (f)	რწყილი	rts'qili
borrachudo (m)	ქინქლა	kinkla

gafanhoto (m)	კალია	k'alia
caracol (m)	ლოკოკინა	lok'ok'ina
grilo (m)	ჭრიჭინა	ch'rich'ina
pirilampo, vaga-lume (m)	ციცინათელა	tsitsinatela
joaninha (f)	ჭია მაია	ch'ia maia
besouro (m)	მაისის ხოჭო	maisis khoch'o

sanguessuga (f)	წურბელა	ts'urbela
lagarta (f)	მუხლუხი	mukhlukhi
minhoca (f)	ჭია	ch'ia
larva (f)	მატლი	mat'li

FLORA

94. Árvores

árvore (f)	ხე	khe
decídua (adj)	ფოთლოვანი	potlovani
conífera (adj)	წიწვოვანი	ts'its'vovani
perene (adj)	მარადმწვანე	maradmts'vane
macieira (f)	ვაშლის ხე	vashlis khe
pereira (f)	მსხალი	mskhali
cerejeira (f)	ბალი	bali
ginjeira (f)	ალუბალი	alubali
ameixeira (f)	ქლიავი	kliavi
bétula (f)	არყის ხე	arqis khe
carvalho (m)	მუხა	mukha
tília (f)	ცაცხვი	tsatskhvi
choupo-tremedor (m)	ვერხვი	verkhvi
bordo (m)	ნეკერჩხალი	nek'erchkhali
espruce (m)	ნაძვის ხე	nadzvis khe
pinheiro (m)	ფიჭვი	pich'vi
alerce, lariço (m)	ლარიქსი	lariksi
abeto (m)	სოჭი	soch'i
cedro (m)	კედარი	k'edari
choupo, álamo (m)	ალვის ხე	alvis khe
tramazeira (f)	ცირცელი	tsirtseli
salgueiro (m)	ტირიფი	t'iripi
amieiro (m)	მურყანი	murqani
faia (f)	წიფელი	ts'ipeli
ulmeiro, olmo (m)	თელა	tela
freixo (m)	იფანი	ipani
castanheiro (m)	წაბლი	ts'abli
magnólia (f)	მაგნოლია	magnolia
palmeira (f)	პალმა	p'alma
cipreste (m)	კვიპაროსი	k'vip'arosi
mangue (m)	მანგოს ხე	mangos khe
embondeiro, baobá (m)	ბაობაბი	baobabi
eucalipto (m)	ევკალიპტი	evk'alip't'i
sequoia (f)	სეკვოია	sekvoia

95. Arbustos

arbusto (m)	ბუჩქი	buchki
arbusto (m), moita (f)	ბუჩქნარი	buchknari

| videira (f) | ყურძენი | qurdzeni |
| vinhedo (m) | ვენახი | venakhi |

framboeseira (f)	ჟოლო	zholo
groselheira-vermelha (f)	წითელი მოცხარი	ts'iteli motskhari
groselheira (f) espinhosa	ხურტკმელი	khurt'k'meli

acácia (f)	აკაცია	ak'atsia
bérberis (f)	კოწახური	k'ots'akhuri
jasmim (m)	ჟასმინი	zhasmini

junípero (m)	ღვია	ghvia
roseira (f)	ვარდის ბუჩქი	vardis buchki
roseira (f) brava	ასკილი	ask'ili

96. Frutos. Bagas

maçã (f)	ვაშლი	vashli
pera (f)	მსხალი	mskhali
ameixa (f)	ქლიავი	kliavi
morango (m)	მარწყვი	marts'qvi
ginja (f)	ალუბალი	alubali
cereja (f)	ბალი	bali
uva (f)	ყურძენი	qurdzeni

framboesa (f)	ჟოლო	zholo
groselha (f) negra	შავი მოცხარი	shavi motskhari
groselha (f) vermelha	წითელი მოცხარი	ts'iteli motskhari
groselha (f) espinhosa	ხურტკმელი	khurt'k'meli
oxicoco (m)	შტოში	sht'oshi
laranja (f)	ფორთოხალი	portokhali
tangerina (f)	მანდარინი	mandarini
abacaxi (m)	ანანასი	ananasi
banana (f)	ბანანი	banani
tâmara (f)	ფინიკი	pinik'i

limão (m)	ლიმონი	limoni
damasco (m)	გარგარი	gargari
pêssego (m)	ატამი	at'ami
quiuí (m)	კივი	k'ivi
toranja (f)	გრეიფრუტი	greiprut'i

baga (f)	კენკრა	k'enk'ra
bagas (f pl)	კენკრა	k'enk'ra
arando (m) vermelho	წითელი მოცვი	ts'iteli motsvi
morango-silvestre (m)	მარწყვი	marts'qvi
mirtilo (m)	მოცვი	motsvi

97. Flores. Plantas

| flor (f) | ყვავილი | qvavili |
| buquê (m) de flores | თაიგული | taiguli |

rosa (f)	ვარდი	vardi
tulipa (f)	ტიტა	t'it'a
cravo (m)	მიხაკი	mikhak'i
gladíolo (m)	გლადიოლუსი	gladiolusi
centáurea (f)	ღიღილო	ghighilo
campainha (f)	მაჩიტა	machit'a
dente-de-leão (m)	ბაბუაწვერა	babuats'vera
camomila (f)	გვირილა	gvirila
aloé (m)	ალოე	aloe
cacto (m)	კაქტუსი	k'akt'usi
fícus (m)	ფიკუსი	pik'usi
lírio (m)	შროშანი	shroshani
gerânio (m)	ნემსიწვერა	nemsits'vera
jacinto (m)	ჰიაცინტი	hiatsint'i
mimosa (f)	მიმოზა	mimoza
narciso (m)	ნარგიზი	nargizi
capuchinha (f)	ნასტურცია	nast'urtsia
orquídea (f)	ორქიდეა	orkidea
peônia (f)	იორდასალამი	iordasalami
violeta (f)	ია	ia
amor-perfeito (m)	სამფერა ია	sampera ia
não-me-esqueças (m)	კესანე	k'esane
margarida (f)	ზიზილა	zizila
papoula (f)	ყაყაჩო	qaqacho
cânhamo (m)	კანაფი	k'anapi
hortelã, menta (f)	პიტნა	p'it'na
lírio-do-vale (m)	შროშანა	shroshana
campânula-branca (f)	ენძელა	endzela
urtiga (f)	ჭინჭარი	ch'inch'ari
azedinha (f)	მჟაუნა	mzhauna
nenúfar (m)	წყლის შროშანი	ts'qlis shroshani
samambaia (f)	გვიმრა	gvimra
líquen (m)	ლიქენა	likena
estufa (f)	ორანჟერეა	oranzherea
gramado (m)	გაზონი	gazoni
canteiro (m) de flores	ყვავილნარი	qvavilnari
planta (f)	მცენარე	mtsenare
grama (f)	ბალახი	balakhi
folha (f) de grama	ბალახის ღერო	balakhis ghero
folha (f)	ფოთოლი	potoli
pétala (f)	ფურცელი	purtseli
talo (m)	ღერო	ghero
tubérculo (m)	ბოლქვი	bolkvi
broto, rebento (m)	ღივი	ghivi

espinho (m)	ეკალი	ek'ali
florescer (vi)	ყვავილობა	qvaviloba
murchar (vi)	ჭკნობა	ch'k'noba
cheiro (m)	სუნი	suni
cortar (flores)	მოჭრა	moch'ra
colher (uma flor)	მოწყვეტა	mots'qvet'a

98. Cereais, grãos

grão (m)	მარცვალი	martsvali
cereais (plantas)	მარცვლეული მცენარე	martsvleuli mtsenare
espiga (f)	თავთავი	tavtavi

trigo (m)	ხორბალი	khorbali
centeio (m)	ჭვავი	ch'vavi
aveia (f)	შვრია	shvria
painço (m)	ფეტვი	pet'vi
cevada (f)	ქერი	keri

milho (m)	სიმინდი	simindi
arroz (m)	ბრინჯი	brinji
trigo-sarraceno (m)	წიწიბურა	ts'its'ibura

ervilha (f)	ბარდა	barda
feijão (m) roxo	ლობიო	lobio
soja (f)	სოია	soia
lentilha (f)	ოსპი	osp'i
feijão (m)	პარკები	p'ark'ebi

PAÍSES DO MUNDO

99. Países. Parte 1

Afeganistão (m)	ავღანეთი	avghaneti
África (f) do Sul	სამხრეთ აფრიკის რესპუბლიკა	samkhret aprik'is resp'ublik'a
Albânia (f)	ალბანეთი	albaneti
Alemanha (f)	გერმანია	germania
Arábia (f) Saudita	საუდის არაბეთი	saudis arabeti
Argentina (f)	არგენტინა	argent'ina
Armênia (f)	სომხეთი	somkheti
Austrália (f)	ავსტრალია	avst'ralia
Áustria (f)	ავსტრია	avst'ria
Azerbaijão (m)	აზერბაიჯანი	azerbaijani
Bahamas (f pl)	ბაჰამის კუნძულები	bahamis k'undzulebi
Bangladesh (m)	ბანგლადეში	bangladeshi
Bélgica (f)	ბელგია	belgia
Belarus	ბელორუსია	belorusia
Bolívia (f)	ბოლივია	bolivia
Bósnia e Herzegovina (f)	ბოსნია და ჰერცოგოვინა	bosnia da hertsogovina
Brasil (m)	ბრაზილია	brazilia
Bulgária (f)	ბულგარეთი	bulgareti
Camboja (f)	კამბოჯა	k'amboja
Canadá (m)	კანადა	k'anada
Cazaquistão (m)	ყაზახეთი	qazakheti
Chile (m)	ჩილე	chile
China (f)	ჩინეთი	chineti
Chipre (m)	კვიპროსი	k'vip'rosi
Colômbia (f)	კოლუმბია	k'olumbia
Coreia (f) do Norte	ჩრდილოეთ კორეა	chrdiloet k'orea
Coreia (f) do Sul	სამხრეთ კორეა	samkhret k'orea
Croácia (f)	ხორვატია	khorvat'ia
Cuba (f)	კუბა	k'uba
Dinamarca (f)	დანია	dania
Egito (m)	ეგვიპტე	egvip't'e
Emirados Árabes Unidos	აგს	ags
Equador (m)	ეკვადორი	ek'vadori
Escócia (f)	შოტლანდია	shot'landia
Eslováquia (f)	სლოვაკია	slovak'ia
Eslovênia (f)	სლოვენია	slovenia
Espanha (f)	ესპანეთი	esp'aneti
Estados Unidos da América	ამერიკის შეერთებული შტატები	amerik'is sheertebuli sht'at'ebi
Estônia (f)	ესტონეთი	est'oneti

| Finlândia (f) | ფინეთი | pineti |
| França (f) | საფრანგეთი | saprangeti |

100. Países. Parte 2

Gana (f)	განა	gana
Geórgia (f)	საქართველო	sakartvelo
Grã-Bretanha (f)	დიდი ბრიტანეთი	didi brit'aneti
Grécia (f)	საბერძნეთი	saberdzneti
Haiti (m)	ჰაიტი	hait'i
Hungria (f)	უნგრეთი	ungreti
Índia (f)	ინდოეთი	indoeti

Indonésia (f)	ინდონეზია	indonezia
Inglaterra (f)	ინგლისი	inglisi
Irã (m)	ირანი	irani
Iraque (m)	ერაყი	eraqi
Irlanda (f)	ირლანდია	irlandia
Islândia (f)	ისლანდია	islandia
Israel (m)	ისრაელი	israeli

Itália (f)	იტალია	it'alia
Jamaica (f)	იამაიკა	iamaik'a
Japão (m)	იაპონია	iap'onia
Jordânia (f)	იორდანია	iordania
Kuwait (m)	კუვეიტი	k'uveit'i

| Laos (m) | ლაოსი | laosi |
| Letônia (f) | ლატვია | lat'via |

Líbano (m)	ლიბანი	libani
Líbia (f)	ლივია	livia
Liechtenstein (m)	ლიხტენშტეინი	likht'ensht'eini
Lituânia (f)	ლიტვა	lit'va
Luxemburgo (m)	ლუქსემბურგი	luksemburgi

| Macedônia (f) | მაკედონია | mak'edonia |
| Madagascar (m) | მადაგასკარი | madagask'ari |

Malásia (f)	მალაიზია	malaizia
Malta (f)	მალტა	malt'a
Marrocos	მაროკო	marok'o
México (m)	მექსიკა	meksik'a
Birmânia (f)	მიანმარი	mianmari

| Moldávia (f) | მოლდოვა | moldova |
| Mônaco (m) | მონაკო | monak'o |

Mongólia (f)	მონღოლეთი	mongholeti
Montenegro (m)	ჩერნოგორია	chernogoria
Namíbia (f)	ნამიბია	namibia
Nepal (m)	ნეპალი	nep'ali
Noruega (f)	ნორვეგია	norvegia
Nova Zelândia (f)	ახალი ზელანდია	akhali zelandia

101. Países. Parte 3

Países Baixos (m pl)	ნიდერლანდები	niderlandebi
Palestina (f)	პალესტინის ავტონომია	p'alest'inis avt'onomia
Panamá (m)	პანამა	p'anama
Paquistão (m)	პაკისტანი	p'ak'ist'ani
Paraguai (m)	პარაგვაი	p'aragvai
Peru (m)	პერუ	p'eru
Polinésia (f) Francesa	საფრანგეთის პოლინეზია	saprangetis p'olinezia
Polônia (f)	პოლონეთი	p'oloneti
Portugal (m)	პორტუგალია	p'ort'ugalia
Quênia (f)	კენია	k'enia
Quirguistão (m)	ყირგიზეთი	qirgizeti
República (f) Checa	ჩეხეთი	chekheti
República Dominicana	დომინიკის რესპუბლიკა	dominik'is resp'ublik'a
Romênia (f)	რუმინეთი	rumineti
Rússia (f)	რუსეთი	ruseti
Senegal (m)	სენეგალი	senegali
Sérvia (f)	სერბია	serbia
Síria (f)	სირია	siria
Suécia (f)	შვეცია	shvetsia
Suíça (f)	შვეიცარია	shveitsaria
Suriname (m)	სურინამი	surinami
Tailândia (f)	ტაილანდი	t'ailandi
Taiwan (m)	ტაივანი	t'aivani
Tajiquistão (m)	ტაჯიკეთი	t'ajik'eti
Tanzânia (f)	ტანზანია	t'anzania
Tasmânia (f)	ტასმანია	t'asmania
Tunísia (f)	ტუნისი	t'unisi
Turquemenistão (m)	თურქმენეთი	turkmeneti
Turquia (f)	თურქეთი	turketi
Ucrânia (f)	უკრაინა	uk'raina
Uruguai (m)	ურუგვაი	urugvai
Uzbequistão (f)	უზბეკეთი	uzbek'eti
Vaticano (m)	ვატიკანი	vat'ik'ani
Venezuela (f)	ვენესუელა	venesuela
Vietnã (m)	ვიეტნამი	viet'nami
Zanzibar (m)	ზანზიბარი	zanzibari